柯玉雪著

文學叢刊

調音師

——柯玉雪小說選

文史哲出版社印行

調音師（柯玉雪小說選）目次

醉在小說裡（代序）

清醒的心靈，是她最大的痛苦來源，所以她說：

「如果小說是酒，她情願醉，她情願迷醉，迷醉在馥郁的小說裡。」

十幾年前，她曾立下宏願，要在文學的領域揮灑，寫下可歌可泣、擲地有聲的偉大作品。為此，她克服困難讀夜校、讀空大，到大學旁聽，連續十幾年，曾先後參加文建會、中國青年寫作協會、師大人文中心等單位舉辦的詩、小說、散文、戲劇等寫作研究班及聯合報文藝營舉辦的活動；目前還在臺灣神學院信徒神學系選修「本土詩歌創作」和「創意詩歌寫作」的學習。

為了文學，她曾付出代價，看輕世界財富、美貌，選擇了文學創作之路，也曾獲得不少人的支持與幫助。然而，一路行來，她發覺往事種種多少錯，不值得！文學創作實在不值得讓她耗費如此多的時光去追求。在她近三年擔任記者的採訪寫作生涯中，更加體會，似乎唯有放棄文學，放棄文藝寫作與追尋文學藝術，她才有更光明的前途。

看著她曾寫過播出過的廣播劇本、電視劇本和先後出版過的五冊散文、論述及劇選集，她忽然有一股焚之而後快的衝動。燒了吧，在此文化遭政治、經濟扭曲的時代，何苦做這些累人累己，又沒有效益的事？讓一切重新出發吧！

燒不得！燒不得！來自心靈深處的吶喊，那長期蟄伏在她內心，造成她不創作就不得安寧的那顆清醒的心在說話：寫作不是單單為自己，乃是為了千萬與妳一樣清醒的心。妳可以為人打開一醰醰，詩、散文、戲劇、歌曲的醇酒，小說更易散播芳香，何不打開？何必隱藏？

是的，何必隱藏？如果是從追求真、善、美的目標出發，用「盲人調音師」的奮鬥故事、大學國學教授及學生的人性關懷，以及個人在信仰宗教的省思體會，寫成的點點滴滴，也許還殘留一絲少年輕狂的苦澀，既然大部份是得獎、及曾刊登發表過的，何不輯印成冊，告別輕狂、饗之同好。

畢竟，獨樂不如眾樂；獨醉不如與眾醉。於是她出版了這本小說選，邀請每一顆清醒的心，與她一起醉在小說裡。

柯玉雪　二〇〇〇年四月九日　于土城柯廬

小說〈盲人調音師〉附錄的〈調音大師〉廣播劇，由中華民國編劇學會理事長姜龍昭先生提供，特在此致謝，俾提供小說改編成劇本之範例，以利雅好此道者參考。

調音師

一

還有三個月就退伍的林樂輝，因爲懂得一點樂器的調音維修，所以服役期間一直待在藝工隊，負責各種樂器的管理修護工作。他一邊替鋼琴上蠟，一邊心裡計算著，等到一領了「袍澤情深」的牌子，回到家之後，第一件要做的事，就是去報名參加「鋼琴調音技術士技能檢定考」。

想到一通過檢定考，就能像父親一樣正式執業，成爲一名專業的鋼琴調音師，林樂輝忍不住嘴角往上牽，就在快要笑出聲來時，一陣頭痛噁心倏忽而來，使他幾乎站立不住。爲了最近時常頭痛噁心，雖已拿了感冒藥吃，仍不見效，林樂輝只好向隊上告假，到大醫院去徹底檢查。

坐在開往家中的公車上，樂輝注視著窗外，雖然視線不清，他仍留意著街道上的店面招牌，只要有開樂器行，或音樂教室的，就多看幾眼，並計算一路上共有幾家。他這樣的習慣，可以說「遺傳」自父親林嘉雄。因爲這樣的習慣，使得這對父子的關係更加親密，而他們時常談的話題，就是某某新開的樂器行，貨物的品質如何，銷售量如何，開那樣的店大約要多少開辦準備金等等。雖然未曾說出口，樂輝知道父親的心願是開一家，門面漂亮，裡面賣的全是高級貨的樂器行，而不止是像現在，專門收購舊琴整修之後出售。

樂輝很希望趕快幫父親完成開樂器行的心願，那至少要有好幾千萬元的資本，短期間根本不可能。他知道眼下最重要的是要取得調音師執照，一邊調音執業，一邊修理樂器兼賣二手鋼琴，然後……然後就可以娶麗珠了。樂輝發現自己居然從考調音師執照，而想到與麗珠結婚的事，他自己也覺得好笑，就在公車椅子上笑了起來。

當同車鄰座衆人向他投以異樣的眼光時，樂輝有點不好意思，不過卻止不住那笑。有誰在想到自己心愛的女朋友時，能不高興地開懷而笑呢？尤其在很快就可以見到她的時候。

二

回到家裡，爸爸正準備給住在嘉義鄉下的老祖母送生活費去。店裡請的陳師傅正忙著修理從附近幾個國小送來修理的樂器。弟弟樂昌才考完聯考，也在一旁幫著陳師傅。

家人看到樂輝進門，母親趕緊到冰箱拿自己燒的青草茶，並切了冰鎮西瓜出來。弟弟拿了飲料給陳師傅之後，就跑過來，在樂輝的耳邊說——

「哥，你快退伍了吧！偷偷告訴你，爸爸連你的退伍禮物都準備好了。」

「眞的？是什麼東西？」

「不知道，用一個紙盒裝著。」

爸爸過來拿了一片西瓜，隨口問——

「下午，我要開車回老家一趟，有誰要跟我去？」

陳師傅聽了爸爸的話說：

「最好有個人留下來幫忙，大同國小送修的這批樂器，講好後天就來拿，明天我加班，要有人幫忙才做得完吶！」由於店裡的老師傅旺叔退休，工作顯得特別多。

「陳師傅禮拜天不放假，還來趕工，我看，樂昌，你留下來幫忙好了。你哥也很久沒去看阿嬤了，讓他陪我去好了。」

「哦！掃興。如果旺叔沒有退休就好了。」

樂昌嘟著嘴，拿了工具又去跟陳師傅幹活了。

現在都市的年輕人，普遍上對於到鄉下探望年老的長輩，是不感興趣的。但是樂輝、樂昌兩兄弟，卻很喜歡去看阿嬤，尤其是樂輝從出生到上小學，都是阿嬤帶大的。那時父親的工作還不穩定，還在學鋼琴調音，母親在附近一家超級市場當收銀員，賺錢貼補家用。現在家裡經濟情況改善了，母親在家幫忙接電話和記帳，爸爸也曾把阿嬤接到臺北來一起住，可是她住不慣，說，臺北太擠、太悶了。

樂輝一想到可以去看阿嬤，一時忘記這次告假回來的主要目的，是要去大醫院做眼睛徹底檢查的。心想，反正看完阿嬤再去檢查也不遲啊！

臨出門前，阿杜伯——就是麗珠的爸爸送升降椅過來，這一次是一個人送。樂輝看到阿杜伯，才想應該給麗珠掛個電話，並約定好，去鄉下回來之後，就見面。

升降椅一般情況是演奏型（平型）鋼琴的配件，由於爸爸經營二手鋼琴買賣，買二手琴的多半是學生家長，爲了試試看自己的小孩子有沒有音樂天分，是不是彈琴的材料，又擔心一下子買了新琴，花很多錢，如果小孩沒有興趣，花了大筆錢等於浪費了，所以買二手貨是最划算的選擇。至於那些清寒人家，更是非買二手貨不行。

每次看爸爸處理舊琴，從除溼、修理、上蠟、配上新配件之後，那種過程簡直是「化腐朽爲神奇」，到最後配上一把全新的升降椅，任何人看到這架琴，都不會把一個「舊」字用在這琴身上。而最大功臣就是升降椅，因爲它的確是全新的，給人就是一種「新」的感覺。

就爸爸賣二手鋼琴的生意經而言，升降椅是功臣；就樂輝的感情生活而言，升降椅是他和麗珠的「介紹人」。他永遠不會忘記他第一次見到麗珠，是她跟著她爸送升降椅過來。那時她還在唸師專音樂科，理了一個西瓜頭，其實當時教育局早就不規定師專生的髮型了，她就是那麼守規矩，聽父母教導。每次來也總是盡責的幫她父親，把升降椅搬下貨車。而樂輝的工作是幫忙從她小手中，接過升降椅放到地下室的倉庫去。他還記得，她對他說的第一句話是：

「要輕輕放下，這是很好的椅子。」

這句話對其他人來說，可以說沒什麼意義，對樂輝而言卻彷彿是一句定情的悄悄話一樣，永遠烙印在心裡。因爲她說這句話時，紅著娃娃臉，微喘著氣，眼睛就盯著那椅子看，好像那椅子是她的家人一樣，她對這些椅子的愛惜之情，使樂輝認定她是個好女孩。

坐在爸爸開往阿嬤家的車上，樂輝決定下一次到阿嬤家，一定要把麗珠帶去，讓阿嬤看看未來的孫媳婦，她一定會很高興的。

三

看到兒孫的歸來，八十三歲的老奶奶高興得一會兒到後院雞舍，抓一隻發育完全的正宗放山雞，殺了熬湯；一會兒又打開竹櫃子，把幾罐珍藏的自製桑椹糖漬濃汁取出沖開水，叫他們喝。總之林老奶奶平日山居生活就是種種菜、養養雞，沒事跟山村的鄰居們聊聊天。遇到收成期，有吃不完的菜或水果，就曬成菜乾或把多餘的果子醃製保存，等兒孫們回來享用或帶走。所以，只要有兒孫回來看她，就是她最忙碌也是最高興的時候。

老奶奶的動作雖還算來去自如，記性可不好。有時兒孫們送的餅乾，一整盒置於床頭櫃，只吃了一、兩片就忘掉了。而嘉雄一、兩個月回老家一次，主要也是來替她清除這些過期食物。更讓樂輝覺得有趣的是，她常常會把樂輝的名字叫錯，叫成他爸爸嘉雄的名字。

吃過晚飯後，老奶奶說：

「嘉雄啊，我們這老瓦厝，厝頂破一空（屋頂破一個洞），要補補咧，漏雨啦！」眼看氣候不穩定，雨就快下了，父子倆聽了同聲「哦！」就尋找手電筒及可以用的材料，暫時把老奶奶說有破洞的地方，先堵住再說。可是當手電筒的光線照射到樂輝的眼睛，他看見手電筒周圍有光暈，再試試看著屋裡的燈光，也是有光暈，而且看東西愈來愈不清楚，眼睛也痛起來了，加上噁心又嘔吐，嘉雄看了很擔心。「怎麼了？不舒服？要不要我現在帶你去看醫生？」

「這麼晚了，山路又不好走，馬上要下雨了，這附近沒有醫院，還是明天再說吧！」

老奶奶發現樂輝的情況，就把兒子嘉雄叫醒，商量之後，嘉雄決定送樂輝去附近的醫院，即使路況可能不理想總得試試，尤其樂輝痛的部位是頭及眼睛，都是人體很重要的部位，大意不得。

父子倆開車出山村，車行二十幾分鐘，就發現道路多處坍方。其實連日來的梅雨已造成阿里山鄉豐山村及附近山路中斷，豐山村對外聯絡則靠乾坑溪便道。現在因豪雨直洩，大量土石流直傾而下，沖阻路面約一百公尺，造成對外交通完全中斷。

嘉雄坐在駕駛座上，看到被阻住的路，正不知道該怎麼辦時，「嘩，轟隆轟隆！」一堆山石夾帶泥水又直洩而下，直奔他們的汽車位置，其中有幾塊飛石擊破駕駛座的車窗，命中嘉雄的頭部，於是他們發出驚叫聲——

「啊！」

「爸爸！」

四

樂輝及父親被村民救出，並用流籠（臨時搭架）送出土石竄流處，緊急送往附近醫院。父親因為飛石及碎車窗玻璃擊中腦部要害，又失血過多，到達醫院時已無生命現象了。樂輝身上也受到一些傷，外表大致上並無大礙，只是皮肉之傷，而眼睛的痛，檢查後的結果，卻出乎樂輝的意料之外。

醫生告訴樂輝，他得的是急性青光眼，原本可以開刀醫治，但是沒有及早發現及早治療，又有外傷，使視神經遭破壞，只好盡力做一些補救的工作，眼睛從此全盲。

全盲？就是什麼東西都看不見了，怎麼會這樣？怎麼會這樣？樂輝心裡實在無法也不願接受這樣的事實，但事實上看不見就是看不見。母親得知這不幸消息，趕去處理父親的遺體，並把樂輝接回臺北家中，暫由樂昌幫助他生活起居，即使過了兩三個禮拜了，樂輝還是無法適應看不見東西的盲人生活，甚至常常希望這一切不幸，都只是老天爺跟他開的一個小玩笑，只是一場噩夢。他期待有一天睡覺醒來，這一切不幸都能像夢境一樣地消失，而爸爸還活著，他也未曾失明。所以他總是對自己說：

「我要睡覺，我要睡覺，然後從這些噩夢中醒來，醒來就能看見，醒來就能看見了。」

然而事實並不如樂輝一廂情願想的那麼美好，他每次醒來仍舊看不見任何東西，他開始懷疑自己存在的價值，而希望：「如果沒有我林樂輝這個人的存在，不就什麼問題都沒有了嗎？也不用麻煩母親和弟弟來照顧我了。」樂輝還沒把盲人存在的意義想清楚時，弟弟拿了一個郵差剛送來的包裹進來。當然也是由弟弟拆開來替他看看，原來是部隊寄來的紀念牌，上面並不是刻著當初樂輝所想像的「袍澤情深」，而是刻著「早日康復」，是隊上的長官送的，除了牌子還有兩萬元慰問金，及一紙提早核發的退役令。

摸著這些東西，樂輝心裡感嘆地說：「沒想到我是這樣退役的，唉！」樂昌看著哥哥又感嘆起來了，替他把那些東西收好，勸著他——

「哥，你不能老是窩在這房裡哀聲嘆氣的，有時候要出去走走呀！」

「我不想麻煩你跟媽媽。」

「麻煩是不會啦！問題是大家還是要過生活，媽要幫忙店裡接電話，現在爸不在了，先前包下的大同國小全校的風琴修理，還沒修好，我得頂爸爸的位置，跟陳師傅一塊去，而且……而且……」

「而且什麼，幹嘛吞吞吐吐，你不想照顧我的話，我也不勉強你。」

「哥，你不要誤會我的意思，我剛剛接到成績單，我上榜了，考取私立輔仁大學中文系。」

「啊！考取了，雖然是私立的，不過也是好消息。恭喜你呀！樂昌，我很替你高興。」

「考取了是很好，可是我很擔心，九月裡就要開學了，到時候，我要上學，還得幫幫陳師傅，那會很忙，本來媽的意思是說，必要的時候，能不能請你在家幫店裡接接電話，讓她去幫陳師傅。」

「你的意思是……」

「我的意思是說，既然你的眼睛已經沒有機會復明了，何不考慮上次盲人協會派來的輔導員給你的建議？」

「我不想當按摩師，我沒興趣。」

「沒有去學怎麼會知道有沒有興趣，好了，就算你不打算當按摩師，去那邊學一學點字，及盲人基本的生活技能也好啊！像如何自己上街出門散步，如何打電話叫車，還有怎樣利用導盲設備……」

「好啦！不要再說了！說來說去，你只是不願再照顧我了，我自有打算，你出去。」

「哥！你不要誤會我的用心，我剛剛說的那些，對你都是很實際，很有用處的，哥，你聽我說……」

「你走，我現在要一個人靜一靜，不要再煩我。」

樂輝的情緒不佳，樂昌只好默默退出他房間。

五

失明已有三個月，這期間麗珠只來看過樂輝一次，之後就沒有再來，最近連樂輝的電話都不接，樂輝心裡很懊惱，但又不死心，一直要母親替他撥電話給麗珠，可是母親也不肯再替他撥了。樂輝急了。

「媽，怎麼連你也不肯幫我了。」

「不是不肯幫你，而是，唉，撥了也是沒有用的。孩子，你要了解，現在情況變了，麗珠跟你已經是兩個世界的人了，你們不可能有結果的。」

「你是說，麗珠，她變心了。」

「嗯，也可以這麼說，不過……」

「不！我不相信，麗珠是重感情的人，連她們家賣的升降椅，她都對它們有感情。每次我拿升降椅時，她總會提醒我要輕輕放下，免得它們受傷，對椅子都能有愛心，何況是我們交往這麼多年！」

「孩子，你也不必爲了她而太失望啊！」

雖然樂輝現在正鬧著情緒，但自從他去盲人輔導會上課以來，已經學了一些盲人獨立生活的基本技能，使林母可以抽空出來，好好整理一下丈夫生前留下的遺物，看看有沒有比較緊急，或沒有打包好的東西沒有。

六

這一天，樂輝本來應該到盲人輔導會上課，學按摩，課程進度還在相當基本的「如何辨識人體穴道」。爲著與麗珠分手的事，心裡嘔著。樂昌爲了送他去上課，特別趕回家，敲了好幾次門，他都說不去了，樂昌只好騎上機車又趕回學校上課。

一直到半夜，樂輝的情緒可以說壞到極點，他痛恨自己，爲何不及早就醫，也恨老天爺爲什麼如此不公平，把這種倒楣的事降在他身上。更加教他不能釋懷的是麗珠的要求分手。原本以爲等到退伍，通過鋼琴調音技術檢定考之後，就可以成家立業的，而現在什麼都沒有了，什麼都要重新開始。尤其令樂輝不能忍受的是：去當按摩師。

想到以後的日子，可能就是要靠著替那不認識的人，東捏捏西揉揉，這裡搥一搥，那裡抓一抓的，樂輝最後得到的結論是：「與其這樣沒有尊嚴的活著，不如死了乾脆。如此也可以不用拖累母親和弟弟。反正是廢人一個，死不足惜。」於是他在房間摸索想找錄音機，錄一段話當遺言吧！

錄音機是找到了，可是摸索間無意中打開收音機，播放一個談話性節目，女主持人首先報導一則社會新聞：

「相戀十年，訂婚五年的情侶方阿田、祝來好，疑因方阿田脊椎受傷、失業及深感前途茫然，昨晨與祝來好，身著情侶裝雙雙上吊氣絕於寶興街住處，這件未婚夫妻上吊殉情悲劇令雙方家屬哀慟逾恆；雙方四封遺書交代盼能把他們的骨灰撒向大海。」

哇！好悽美的愛情！樂輝不禁羨慕起這對殉情的未婚夫妻，而且在心裡感慨：「唉！我連死都死得沒有人家光彩呢！」播音員又接著說：

「據死者的家人表示，臺大畢業的方阿田，以往曾因工作搬移重物而致脊椎受傷，謀職一直不順，近期又因失業而待在家中，情緒十分低落。兩人留給父母的遺書中表示，自己沒有什麼要交代的，希望父母家人不要怪對方。」受訪的作家分析死者的心態，說得很深入。

聽到這裡，樂輝覺得這個作家也太會作文章了，想死的人，沒有那麼複雜的理由，唯一的理由對樂輝而言是：「我活得不爽啦！」他準備好好構思留給家人的遺言，但想來想去都不知道該說些什麼好。於是索性又開了收音機，播音員說：

「自殺對一個有家庭責任的人而言，其實是很自私的。當你覺得活得沒意思，而想一死求解脫時，可曾為家人設想過，他們會多麼悲痛。想想，如果丈夫死了，妻子怎麼辦？母親死了，小孩怎麼辦？兒子死了，父母誰奉養？大致上可以說，想自殺的人，都是不想負責任的人。」

「我不是！」樂輝聽到提到「不負責任」這類的話，有如對他嚴厲的控訴，他啪一聲把收音機關掉。想到要要留給母親的話，第一句應該說：「媽，不是我不負責任，也不是我不想孝敬您，實在是我活著只是個廢物，只有增加您和弟弟的負擔。而且要我當按摩師，我沒興趣，我是要當調音師的，您也知道，與其這樣痛苦又拖累家人的活著，倒不如早點回老家，也省得弟弟要上學，還得幫陳師傅作工之外，還要接送我去盲人輔導會。」

想好要說的話，正準備按上錄音鍵，樂輝聽到連續的悲傷哭泣聲，他一點也不想理會，可是哭聲似乎愈哭愈悲慘，愈哭愈讓人覺得可憐。

七

循著哭聲的來源，樂輝來到父親生前的工作室，找到哭泣中的母親。

「媽，您怎麼在這兒哭呀！爸爸的喪事都辦過了，您就別哭了。」

「嗚……我是擔心你呀，這幾天你老是關在房裡，又不肯去上課，也不跟人說話，我怕你這樣會不會想不開啊？我眞的很害怕，你爸爸已經走了，我不能再失去你們兄弟中任何一個呀！嗚……」

「不……不會啦……可是我聽你哭得那麼傷心，還以爲有人欺負你呢！」

「哎！也不算欺負，只是你爸爸不在了。陳師傅認爲我們這家樂器修理店全靠他了，今天跟我要求多分點錢。而且，有些他自己在客戶那兒收了帳，也不交出來，唉！如果你會調音就好，修理樂器現在都歸陳師傅了，你爸以前辛苦跑出來的老調音客戶，如果你們兄弟沒有人能接手，恐怕他辛苦了大半輩子奠定下的基礎，也只好白白送給外人了！」

「弟弟可以學呀！」

「樂昌沒興趣，而且他還在讀書。說到讀書，我們家的收入，自從你爸去世，就減少很多，現在陳師傅擺明要佔我們便宜，我眞不知道往後日子要怎麼過。你弟弟的註冊費，你山上阿嬤的生活費，還有這幢房子的貸款。家庭日常的開銷……哎，樂輝，媽覺得負擔好重好重。」

「媽，我會想辦法分擔你的負擔。可是，我對按摩眞的不感興趣。我是想當調音師的，你也知道。」

「嗯，當調音師主要是音感要準，聽聲音要正確，眼睛看不見，只要熟練應該沒問題。你有沒有想過試試看。」

「沒有。不過既然現在家裡情況這麼困窘，我想，我應該嘗試，再去學調音，來接下爸爸生前好不容易開發的客戶。」

樂輝從母親手中接過一個皮箱，問：

「這是什麼？」

「你爸生前準備要送你的退伍禮物。拉開來摸摸看，你很熟悉的東西。」

樂輝一摸就知道，是一套全新的調音工具。

「媽，你眞的認爲，我還能調音嗎？」

「你可以的，明天媽就去找你爸生前的好朋友旺叔，請他重新教你，你本來就會調了。現在重點是要針對克服視覺障礙的部分，再加強鍛鍊，一定沒問題的。」

經過母親的鼓勵，樂輝頓覺人生有了新的方向，而變得精神很愉快。原先的瞬間自殺情緒，早已消失的無影無蹤。

在旺叔的熱心指導下，及樂輝的努力練習，他經過一年半的時間，已能正確使用調音工具，在摸熟了調音棒、音叉、止音帶、止音橡皮、止音棒等工具，幾乎不必靠上面的特殊記號，就能從它放的位置及形狀來辨認，並正確使用。至於螺絲刀、左右螺絲迴轉螺絲刀，鋼絲用鉗子、鍵用鉗子……等調整工具也都運用自如。

各種品牌的豎型鋼琴、平型鋼琴，內部的構造樂輝已瞭若指掌。當他去內政部報考鋼琴調音技術技能檢定時，筆試特別以錄音機誦讀題目的方式考，而實際操作考調音時，連監考人員都大吃一驚，沒想到居然有盲人來應考。

當樂輝通過檢定考，取得調音師資格時，連發證書給他的職員都向他恭賀，因爲他是全臺有史以來，第一位盲人調音師。陳師傅得知這消息也很意外，自此不敢輕視他。

八

在樂輝重新學調音時，也曾灰心過，多虧母親、弟弟、還有旺叔從旁協助，加油打氣，才能達到。然而有了執照之後，樂輝卻又面臨另一個問題。有些客戶一發現請的調音師居然是全盲的瞎子，就不願把琴讓他調。使得他挫折感還是揮之不去，只好兼賣舊琴。而當有不熟的客戶請樂輝去調音時，他在問清鋼琴的品牌及狀況之後，總要先表明自己是盲人的身分，對方同意讓他調他才去，免得白跑一趟，賺不到錢反而要花計程車錢。

其實樂輝想開家樂器行的心願從未停止過，目前願意接納盲人調音師的客戶，實在很有限。主要是各教會，及旺叔介紹的，以及父親以前的客戶。要增加收入，可以在去客戶家調音時，順便推銷鋼琴必用的相關用品。打定這個主意，樂輝就在他的工具袋，放了除蟲藥，擦琴油、琴布蓋、節拍器、全自動鋼琴除濕器……等，只要有機會就向客戶推銷。

今早有一位經由教會幹事介紹的客戶楊小姐，請樂輝去調音，她的琴是國產福樂牌豎型的。即使對琴的構造已瞭若指掌，爲了愼重起見，樂輝臨出門時還是把琴的主要構造再摸一遍。從絃、後支柱、調律釘、釘板、鐵骨、響板、駒馬、外裝、打絃機、鍵盤及腳踏。

一般的調音師普通只爲客戶調絃的鬆緊，讓音與音叉的標準音一樣高。絃是琴最重要的部位，這是旺叔在教樂輝調琴時說的。琴會發出優美的聲音，乃是因爲琴絃受擊打要變形欲復到原形之力量而起振動。絃的彈性愈好，張力愈強音色也愈好，就好像人受愈多苦，愈能體會生命的價值與存在的意義一樣。

把該帶的東西又檢查了一遍，樂輝打電話叫計程車直開楊小姐家。到了那兒才知道楊小姐其實是張太太，她先生正要出門辦事，發現太太請來調音的師傅居然是盲人，很驚奇的把太太拉到一邊說話：

「怎麼請了個瞎子來調音？」

「放心，教會那架演奏型的琴也是他調的，他調了很多年，很有經驗了。」

「眞的？你小心看著他，我要出去辦點事，如果沒事我倒很想看看，瞎子是怎麼調音的。……算了，時間不早了，我走了。」

送走了先生，張太太也就是楊小姐，大概是因爲信仰基督教的關係，待人很和善地爲樂輝倒飲料，除了熱忱招待並與他聊天。

「楊小姐，這琴至少有五年以上沒調過音了吧？（敲了一下音叉）你聽，這音高差了半度，差很多呢！」

「哎，我聽不出來音差多少啦！不過因爲很少彈，所以也沒找人來調，最近比較有時間彈，才發現低音的G彈不出聲，要高尚彈下才會有聲音，觸鍵相當不靈敏。晴天還好，雨天就更嚴重，好幾個音都這樣。你會修嗎？」

「那是鋼琴受溼氣影響，不必修，只要裝上除濕器，就會改善你說的這種情況。」

「可是我有插除溼棒呀。」

「是傳統那種除溼棒嗎？你有天天插嗎？」

「沒有。有時會忘記。」

「那種效果不好，而且那種一直插著也不行，因爲琴太乾燥也不行。現在有一種全自動鋼琴除溼器，你只要插上電不用管它。溼氣太高須要除溼時，它就會自動通電。溼度恰當了就會自動停止除溼。裝一個這種除溼器，對鋼琴除溼保養既省時又省事，一點也不麻煩。」

「哦，那要多少錢一個？」

「你在市面上買要三千，我幫你裝因爲是照服務客戶的優待價，只要兩仟伍。裝了以後，保證你說的那些音都會恢復正常，觸鍵也會變靈敏。到時候你要打電話來告訴我哦！………而且我調過了以後，琴彈起來也會變好聽了。」

「我考慮看看。」

當樂輝調完音，還用吸塵器幫楊小姐清除琴裡面的蟑螂糞便，在清除時順便解釋了放除蟲劑的重要，在擦鋼琴外表時，也推銷了擦琴油。一方面是這些東西有琴的人一定用得上的，二方面楊小姐心裡存著「做好事嘛！」的心態，只要樂輝推銷的，她都買了。

過了一星期，楊小姐打電話來說鋼琴的觸鍵眞的變靈敏了。她很高興，他也很高興，這是他工作的一種小小的「成就」感。把不靈的變成靈，把不準確不好聽，調整成準確的好聽的。這樣的工作性質有點像道德重整會的標語「撥亂返正」。其實像楊小姐這樣的好客戶，也不是天天遇得上的。

例如今天（其實也是大部分）第一次請樂輝去調音的客戶，都對盲眼調音師很好奇。他一到達客戶家，就一直問：你是怎麼瞎的？看不見怎麼學調音？有沒有結婚？（甚至有那種直來直往的男人問）想不想女人？………諸如此類的許多問題，樂輝都習以爲常，而有一句人們沒有問到的，他總要說的，那就是他看不見之後的座右銘：「一切靠自己奮鬥，不要依賴家人。」現在樂輝已四十多歲了，他對於反反覆覆訴說自己的遭遇，有點不耐煩，所以請求一位仁兄寫出他的遭遇。

（本小說曾獲國軍三十三屆新文藝徵文短篇小說銀像獎，並於八十六年十二月十五日青年日報刊出）

「調音大師」廣播劇本

小說原著：柯玉雪　改編：姜龍昭

本劇曾於八十八年九月六日，在中廣公司「創作劇坊」節目中播出，由戴愛華導播。廣播劇內容情節與柯玉雪小說原著，略有不同，因「戲劇」與「小說」不一樣，需有吸引的魅力，才能使聽眾收聽，為方便有興趣編廣播劇之朋友參考，特將劇本在此刊出。

姜龍昭註

時：現代

人：**林樂輝**：一個盲眼的調音師，卅餘歲（輝）

林　母：其母，五十餘歲（母）

林嘉雄：其父，五十餘歲（父）

林奶奶：其奶奶，七十餘歲（奶）

方麗珠：其女友，廿餘歲（方）

旺　叔：其師父，四十餘歲　（旺）
楊素芳：廿餘歲，殘障的女作家　（楊）
（鋼琴音樂，調音的音效襯底、報出劇名及演職員）
（電話鈴響）
母：（接聽電話）喂，……你找誰？……林樂輝？……請他去調音，是不是？……
楊：是啊！……林師傅不在嗎？
母：他到新竹去工作了，有好幾架鋼琴請他去調音呢。……要明天下午才回來！……
楊：啊，……他這麼忙啊！！……
母：小姐，妳貴姓，住在什麼地方，把電話、地址留下來好嗎？
楊：我姓楊，木易楊，住在臺北市八德路三段十二巷五十七弄十九號四樓，電話是二五七八五八二〇，後天他可以來嗎？
母：我也不清楚，……等他回來，我要他先和妳電話聯絡。……有一件事，……我要和妳說明，我是樂輝的母親，樂輝是個瞎眼的盲人，他什麼也看不見，……不過他領有「調音師」的執照，……他有通過調音師的考試，……他的技術，……是可以向妳保證的。……
楊：什麼？林師傅，……是個盲人？……（訝異地）他什麼也看不見？怎麼還可以替鋼琴調音呢？……
母：他是從小和他父親及調音師傅學的，……我們家過去是開鋼琴樂器行的，……樂輝從小就喜歡彈琴，……後來，……因爲當兵的時候，……發生了一次車禍，才意外失明的！……楊小姐，……妳怎麼知道這個電話，要樂輝去妳家調音呢？……

楊：是教會司琴的李姐告訴我的，……她說教會那架演奏型三個腳的大鋼琴，也都是請他去調音的，……他不但技術高超，……而且收費也合理公道。……

母：阿輝做事一向是腳踏實地的，……所以，雖說他眼睛已經失明，找他固定去調音的客戶，還不少呢！……楊小姐，……妳要請他調音的那架鋼琴，是什麼廠牌的？

楊：是家庭用的國產貨「福樂牌」豎型的。……調一次音，要多少錢呢？

母：一千二，……很公道吧！

楊：很公道，……他看不見怎麼到我家來呢？……是伯母妳陪他來嗎？……我家住四樓，……這兒沒有電梯啊！

母：他會坐計程車自己來的，……不用人陪的，……這幾年，……他已十分習慣了！……

楊：噢，那就好！

母：楊小姐，……妳的電話白天打都在嗎？

楊：我大半都在，……希望林師傅一回來，……就給我打電話。……

母：放心，……我會告訴他的！……再見。

楊：再見。（掛上電話聲）……眞奇怪，盲人還可以做鋼琴的調音師。

（音樂）

（電鈴聲響）

楊：喂，哪一位？（對對講機說話）

輝：楊小姐嗎？……我是來爲鋼琴調音的林師傅，請開門好嗎？

楊：（對講機聲）喔，門已開了，（開門聲）林師傅，可以上樓來嗎？……

輝：我有枴杖，只要樓梯有「扶手」，我可以自己上樓！（枴杖上樓聲）

楊：那……我就不下樓來接你了！請上四樓！……

（上樓梯有夾雜枴杖聲，過後，開門聲）

楊：林師傅，……請握著我的手，跟我來，鋼琴在這邊。……（二人用枴杖聲）

輝：楊小姐，……怎麼？妳走路也用枴杖？

楊：是啊，……我有一次去爬山，不小心跌到山谷裡，跌斷了腿，……從此就只好依靠枴杖走路了。

（打開琴蓋聲）

輝：（先隨便彈幾個音）楊小姐，琴弦好鬆，依我的經驗，妳這琴，至少有五年沒調音了，……妳聽！（敲帶來的音叉，與琴音比音高）妳一聽，就可聽出來了，音高至少差了半度。

楊：林師傅，……你不愧是調音大師，一下子就聽出來了，……自從我腿受傷後，……眞的五年沒調音了！……

（電話響）

楊：林師傅，……你開始工作吧，……我去接聽一個電話！

輝：好！……妳忙妳的，……我忙我的！

楊：喂！……是萬總編輯嗎？……我是楊素芳，……什麼？……就等我的小說稿子了，……長篇連載不能中斷啊！……總編輯，這幾天，我因感冒，所以耽誤了，眞對不起，延兩天，我脫稿後，立刻用電傳傳給你，……一定，一定。……（掛上電話）……

輝：啊，……原來，楊小姐，還是個作家啊！妳是專門寫小說的嗎？……

楊：除了小說，……有時候也寫劇本。……

輝：是電視劇嗎？

楊：是的。……

輝：在我眼睛還沒盲以前，我很喜歡看小說，也愛看電視劇，……可是自從失明以後，就再也沒有這福份了！……這一兩年，每當夜深人靜的時候，我就會想到麗珠，……我眞希望能找到一個人，把我這故事，寫成小說，……或是編成劇本，……我相信，……會很感動人的！……

楊：林師傅，……麗珠……是你的什麼人？……

輝：是……我的未婚妻，……她十二歲的時候，……我們就認識了，……過了十年，……我們訂了婚，……誰知後來，……有了變化，……她並沒有做我的太太……（語氣悲哀欲泣）……

楊：是因爲你眼睛失明了以後，是不是？

輝：是命運在捉弄人，……我一點也不怪她！……

楊：林師傅，……我對你的故事，很感興趣，過幾天，等我這篇小說結束以後，我再電話約你來，……把你的故事說給我聽，……若是沒有什麼困難的話，……我一定讓你心想事成！……

輝：是嗎？……楊小姐，……那……我眞要好好的謝謝妳了。……

（又調了幾個音，從1到i）

輝：楊小姐，……妳聽聽，……這架鋼琴，經過了調音，就完全不一樣了，……這低音G，是要很用力才能彈出音來的，……現在，妳聽，（彈G音階），……觸鍵非常靈敏了！……主要是受濕氣的影響！……要注意插「除濕棒」，……就好多了。

楊：是的！……只是我心情不好，就忘了！……

輝：好了，……我的工作完成了，……楊小姐，……若是妳肯把我的故事寫成小說，……這個調音費，就免了！……

楊：林師傅，……這是兩回事，……你不用客氣，錢一定要收下，……等我過幾天，……完成手上這篇小說後，……再與你電話聯絡，請你來說故事給我聽！

輝：楊小姐，……那眞謝謝妳，……改天見！

楊：（開門聲）林師傅，好走。

（枴杖下樓梯聲遠去）

（音樂）

輝：我想，……還是先從我的家庭說起吧！……我父親是經營樂器行的，也買賣鋼琴，只是多半是二手貨，我從小幫我父親處理舊琴，除濕、修理、上蠟、配上新的配件，經過整修後，……完全脫胎換骨，舊琴變成新琴，很快就可以脫手賣出去！……（時光倒流音樂）

父：阿輝，……爸爸的手藝，……你要好好的專心學，……將來，爸爸的這間樂器行，就由你來接棒了！……知道嗎？……

輝：爸，……前幾天，……我去送貨，……看見大馬路上，最近又新開了一家樂器行，……專門出售歐美、日本進口的高級鋼琴，……你看，會不會影響我們家的生意？

父：阿輝，……開一家大的樂器行，一直是我的心願，……但是那至少要有一、兩千萬的資本，……我希望你服完了兵役，先通過了「鋼琴調音技術士的技能檢定考試」，……再來仔細計劃，……眼前，暫時別想這些，……一步一腳印，慢慢來！……

輝：是的，爸爸！……

父：對了，……我聽你媽說，你最近時常頭痛噁心，……是不是找醫生看一看，究竟是什麼原因？

輝：不用擔心！……只是，……我的眼睛，……這一陣子，時常突然視線模糊起來，……看什麼都有一個光暈，……好像眼前多了一張網似的。……

父：阿輝，……眼睛的問題，……你該去看眼科大夫，好好檢查一下，……像你年紀輕輕，……應該不會是老花眼吧！

輝：我想，改天，……去城裡，找大醫院的眼科醫生，好好的看一下，……最多，吃些藥，就沒事了！……爸，……忠孝國小送來的這架鋼琴，……都整修好了嗎？……怎麼還不送去呢？……

父：他們希望配一把新的「升降椅」，……我已通知阿杜伯了，……他說這一兩天，……就可以送來。……

輝：是不是找他女兒麗珠送來？……

父：是啊！……怎麼？……阿輝，你在想她是不是？時間過得也眞快，……一眨眼，……麗珠已長得像是大姑娘了！……

（回到現實音樂）

輝：麗珠……比我小兩歲，……她父親，是個專門做木器傢俱的木匠，……彈鋼琴必需的配件升降椅，多半由她父親來承製。她父親就生她一個女兒，椅子做好了，……就由她送到我家來。……記得，她第一次送椅子來，那一年，她才十二歲，理了個西瓜頭，眼睛大大的，……臉上有個大酒渦，……眞是可愛極了。……

方：（童音）要輕輕地放下，……這是很好的椅子呵！

輝：小朋友，……妳叫什麼名字？

方：我叫方麗珠。

輝：妳今年幾歲？

方：十二歲。

輝：讀幾年級？

方：五年級！……

輝：是妳父親要妳送來的嗎？……

方：對。……

輝：妳別走，……我彈琴給妳聽，好不好？……

方：不，……我要回家去了。……再見。……

（腳步聲遠去）

輝：那一陣子，我家的生意很好，……因爲一些家長要小孩學鋼琴，多半先買一些二手貨的鋼琴，由我父親來整修，再由旺叔師傅來調音，最後配上一把麗珠父親做的升降椅，……就非常完美了，……日子一天天過去，我高中畢業以後，沒考上大學，去服兵役了，而麗珠卻考上了師專的音樂科，……學校放假的時候，……她經常來我家玩。……

方：輝哥！……

輝：麗珠，……我們今天去爬山，好不好？

方：好呀！……

（爬山行進聲、風聲）

方：啊，……山上的空氣眞好！……輝哥，……你還有多久，才服完兵役，退伍啊？……

輝：還有三個月，就可以退伍了，……有些人，天天在數饅頭，……一天吃一個饅頭，最多吃九十個饅頭，就可以脫下軍裝了。

方：日子過得眞快，……記得送你去入伍，還在眼前，一眨眼，……就快退伍了。……

輝：麗珠，……我有兩個朋友，……都因爲去服兵役，女朋友變心了，……他們說，這是「兵變」，……妳對我，……不會「兵變」吧？……

方：怎麼？……你對我，……還不放心？……

輝：麗珠，……昨天，我父親送了我一個紙盒，說是送我退伍的禮物，妳知道盒子裡裝的是什麼嗎？

方：我猜不著。

輝：是一套全新的調音工具，包括調音器、音叉、止音帶、止音橡皮、止音棒，……我父親希望我退伍後，……順利的通過「調音師」的考試，……將來，……共同努力，開一家有規模的樂器行！……他說，……他已攢了一些錢，……這是他多年來的心願！

方：輝哥，……我相信，這是他多年來的心願！

輝：麗珠，……妳對我有信心嗎？……

方：嗯！
輝：那……妳愛不愛我呢？……
方：（含蓄）……這……還用問嗎？……
輝：麗珠，……妳知道，我爲什麼今天帶妳來爬山嗎？
方：我們好久沒爬山了。
輝：不，……山是永遠不變的，……我希望我倆的感情，也像山一樣，永遠不變。我……退伍以後，
……我們就結婚，好不好？
方：輝哥，……你在向我求婚？……
輝：我們認識已經很多年了，……我早就想向妳求婚了！……爬山的目的，……就是盼望在山上，…
…來個「山盟海誓」啊！
方：喔，……原來是這樣！可是，……我還不想結婚，……等我學校畢業以後，……再說，好不好？
……我們都還年輕嘛！
輝：……那……我們……先訂婚，……等妳畢了業，再結婚也行，……我父母是一定會同意的，……
只是不知道，妳父親，會不會反對？
方：我想，……我父親他會同意的！……只要我願意！
輝：麗珠，……妳願意嗎？……

方：不願意……我就不和你來爬山了！

輝：「山盟海誓」，……我們用嘴來簽約吧！（擁吻聲）……

方：（撒嬌地）輝哥，……你好壞！……

（甜蜜的音樂升起）

（隱隱有雷聲響起）

方：啊，……變天了，……快下雷雨了，……我們下山去吧！

輝：好，……下山去吧！

（雷聲繼續著）

（音樂）

父：阿輝，……你怎麼突然回家來了？是提前退伍了嗎？

輝：爸，不是提前退伍，是我這幾天，眼睛很不舒服，特別請了三天假，準備去醫院仔細檢查一下。

父：我現在要去山地國校，送修好的風琴去，……你陪我一起去，好嗎？我正好要送些錢，去給山上住的奶奶，……她很久沒看見你了，一直都想著你呢！

輝：爸，……氣象報告說，今天颱風登陸過境，……山路又不好走，你還是等颱風過了，再去山上看奶奶吧！

父：阿輝，……我答應學校，今天把琴送去的，……不能失信啊！再說，……那條山路，我很熟的，

四、五十分鐘就到了。

輝：好吧！……那，……我們現在就走。……

（汽車發動聲）

輝：爸，……奶奶一個人，住在山裡多不方便，我們還是要她下山，跟我們住在一起，好不好？

父：你不知道，……我跟她不知說過多少遍了，她不肯聽，有什麼辦法？……她說山上空氣好，……又有果園，……沒人照顧，是不行的！……（風聲加強）上車吧，……颱風可眞登陸了，天黑以前，我們一定要先把琴送到學校去！……

（汽車行駛聲）

輝：奶奶，看見我們上山，很高興的殺了雞，跟我們一起吃晚飯，還要我帶些蛋下山去。誰知半夜裡，風狂雨急，屋裡開始漏雨進來，爲了怕房子被風吹倒，……我和父親爬上屋頂去釘木板。……

（釘木板聲，風雨聲）

奶：阿輝，……風雨太大了，……別釘了。下來吧！

輝：是，奶奶。……（下樓梯聲）啊，……我眼睛，怎麼……看不見了！

父：阿輝，你怎麼啦？……眼睛，……看不見了？……

輝：我眼睛好痛，奶奶，扶我到屋子裡去！……

奶：阿輝，……怎麼會這樣？……嘉雄，……阿輝眼睛瞎了，可不得了，我看你趕緊開車，送他下山，去醫院掛急診！……

父：是，媽，……我……這就送他下山去醫院……

奶：山路很滑，……開車要特別小心！……

（風雨聲中，汽車行駛聲）

輝：沒想到，……路上遇上了道路坍方，……我和父親的車，因此掉落谷底，……

（轟的一聲，滾落下去聲）

（慘叫聲）

輝：爸爸！……

父：阿輝！

（音樂，過一陣子靜寂）

輝：我父親在這一次車禍中喪生了，……而我，雖幸運的撿回一命，但我的眼睛，受了嚴重的外傷，加上因急性青光眼，沒有及早開刀治療，……也從此再也看不見了。……

楊：……啊，……是這樣才失明的！……

輝：這是命運，……我怪誰呢？

楊：後來呢？……你的日子，……怎麼過下去呢？

輝：開始那幾天，……我眞想死了算了！……一個什麼也看不見的盲人，……還能盼望做什麼呢？…

……我母親鼓勵我，……不要灰心、失望，……可以去「盲人技藝訓練班」，學點字或是按摩的技能，……可以做按摩師，……可是，……我對按摩，根本不感興趣！……

楊：麗珠，……她……沒有來看你嗎？

輝：出事不久，……她就趕來醫院看我了，……她安慰我說，……安心休養，不要著急，……慢慢地，……也許會復明的，……她願意永遠陪伴在我身邊，……做我的太太……

楊：發生了這麼大的變化，……她……這樣說，……表明她……對你的愛，……還是很眞誠的！……

輝：我曾經問她，……以後，……怎麼生活呢？……愛情不能當麵包吃呀！……

楊：是呀！……總要面對現實，現實是很殘酷的！

輝：麗珠說，這不用擔心，……她再過一年，師專畢業以後，她會分發去學校做音樂老師，……她做事來養活我！

楊：她……這樣想，……眞了不起！……

輝：自從我父親不幸去世以後，我們家樂器行的生意，就大不如前，……幸好修琴的工作，由旺叔師傅在做，管賬的工作，由母親料理，……但開展生意，對外聯絡的工作，……就……乏人來處理了，……過去，我可以幫不少忙，……如今，……弟弟妹妹，都還在上學，……這個家的重擔，……眞不知該怎麼挑下去？

楊：是啊！……

輝：這一天，……店裡的旺叔師傅來看我！……

旺：阿輝，……你看，……我送你一樣禮物。

輝：旺叔，……什麼禮物？……

旺：這是一根折疊式的枴杖，……枴杖有五節，中間有一根橡皮筋，可以把五節聯結在一起，用來做枴杖使用，也可以折疊在一起，收在手提袋裡。……喏，我來表現給你看！

（五段棍子折開，又復合聲）

輝：啊，……眞好！……謝謝旺叔。……是誰發明這樣的枴杖？

旺：人呀！……這枴杖能伸縮自如，……就是因爲其中這根橡皮筋，有彈性，……有彈性就可以靈活運用。……你雖然，……！現在失明了，……但是仍可以出去走走，……不要老是唉聲嘆氣的，什麼事也不想做……

輝：旺叔，……不是……我不想做，……我對……做按摩師，……實在沒有興趣！……

旺：我知道，……你還是想做調琴的「調音師」，對不對？……

輝：那是我眼睛沒瞎以前的想法，……可是現在，……我失明了，……還能通過「調音師」的檢定考試嗎？……

旺：阿輝，……你跟我學了不少，……憑你對鋼琴的認識，已有相當的基礎，對一些調音工具的性能也十分瞭解，……我相信，只要你肯努力，……你應該可以成功的！

輝：旺叔，……你不是在騙我？

旺：我跟你說，當一個調音師，主要是靠你的耳朵，不是靠你的眼睛！……你眼睛再好，耳朵聽聲音、音感不準，……有問題，……那就……難以達成當「調音師」的願望！……你的耳朵……靈敏度正常，……只要你的手能熟練使用那些鉗子、迴轉螺絲刀，……你還怕不能通過檢定考試嗎？

輝：旺叔，……只要你肯不怕麻煩，有耐心的教我，……我一定比以前更用心的去學習！

旺：阿輝，……只要你肯用心學，……我一定用心把你教會！……

（腳步聲）

母：阿輝，剛才，郵差送來一個掛號包裹，……是寄給你的，快打開看看。

（包裹撕開聲）

輝：啊，……是軍隊寄來給我的，……一塊牌子，上面刻著「祝早日康復」……啊，還有一封慰問信。（看信聲）裡面還有兩萬元慰問金，……信上說，這是我服役單位的主官和弟兄們的一番心意！……啊，還有一張退役令。……想不到，……我是因爲眼睛失明，而提前退役的！……

母：阿輝，……你們軍隊，很有人情味，……還送了慰問金給你啊！

輝：媽，……旺叔……答應我，……繼續教我學調音的技術！……我還是想做「調音師」！……

母：孩子，……你現在什麼都看不見了，……還能學調音嗎？

輝：我看不見，……可以用手去摸呀，……調音師，主要的是聽琴弦發出聲音的高低，有沒有栓緊，……跟眼睛……沒有太大的關係！

母：只要你肯學，旺叔……肯教，……我看，……這慰問金，……就給旺叔做學費吧！

旺：老闆娘，……不要談錢！……我願意教阿輝，……主要是想「拉他一把」。……

（電話鈴響）

母：喂，……我這裡是樂器行，……什麼？……你們是美仁教會，你們有一架鋼琴，……需要師傅去調音，……好，……我馬上派師傅去！……（掛上電話）……旺叔，……你看，生意上門了！……美仁教會，……你抽空去一趟吧！……

旺：是，老闆娘！

母：阿輝，……你想學調音，……媽支持你。……

輝：謝謝媽。

（音樂）

旺：阿輝，你要通過調音師的考試，一定要先去學點字。因爲調音師的考試，分筆試和實際操作兩部份，你不會點字，就無法通過筆試啊！……

輝：我從來也沒學過點字，……那還要從頭學起了！……那要花多少時間？

旺：阿輝，……不能心急啊！……還有各品牌的豎型、平型鋼琴的內部構造，你必須用手去摸清楚，……你已經是個盲人，什麼也看不見，必須實地去摸過，才知道那根絃是什麼音，什麼地方是後支柱，還有調律釘、釘板、鐵骨、響板、駒馬、外裝、打絃機，……甚至每一鍵盤，發音是否正確，……都要弄得一清二楚！……這比做一個「按摩師」，……要複雜多了！

輝：旺叔，……聽你這麼說，……我要多久，……才能通過這項考試呢？……要三年五載嗎？……

旺：雖不要三年五載，至少也要一年半載，……因爲你已經有些基礎，還得你肯用功才行，……我去打聽過了，……過去，從來沒有一個盲人，通過「調音師」的考試呢！……

輝：旺叔，……聽你這麼說，……我……打算，……放棄算了。

旺：怎麼？……還沒開始學，……你就打退堂鼓了！……那怎麼會成功呢？

輝：旺叔，……我怕費了很大的勁，……還是通不過考試啊！

旺：（彈一下鋼琴，發出聲音）阿輝，……你聽，鋼琴會發出美妙的琴音，是因爲琴絃受到擊打的緣故，絃是一架鋼琴最重要的部位，絃的彈性愈好，張力愈強，音色也愈好，……就像人一樣，受苦愈多，就愈會珍惜生命的價値與意義，……千萬不能因一些挫折，……琴絃就鬆了下來，……那還能發出動聽的聲音來嗎？……

輝：（用音叉發出一個聲音）旺叔，……你說得太好了，「吃得苦中苦，方爲人上人」，……不管是一年半載或是三年五載，……我一定跟你學到成功爲止。……

旺：聽你這麼說，……我眞高興，……我一定把我知道的，……全部傳授給你，……讓你破天荒，做一個「盲人調音師」！

（開始調音的學習聲，琴絃鬆、緊不同的發音聲）

（音樂）

方：輝哥！……

輝：（驚奇地）麗珠，……是妳來了嗎？

方：我是送「升降椅」來的！……你還好吧！……你什麼時候參加「調音師」的考試呀？

輝：我已經參加過考試了，……可是……很不幸，……沒有通過。……

方：你下了這麼久的功夫，……怎麼會沒有通過呢？……

輝：主要是……因爲我是盲人！……調音雖主要是靠聽覺靈敏，……但有視覺障礙，……監考官，仍不予通過，……除非，……我能熟練的同明眼人一樣！

方：這不是強人所難嗎？……

輝：麗珠，……不用操心，……他們……給了我一個「複試」的機會，……我相信，只要我繼續努力，……總有一天，我會通過這一項考試！對了，麗珠，……妳學校快畢業了吧？……

方：下個月畢業考，……考完……就可以畢業了！……

輝：畢業以後，……妳有什麼打算呢？

方：畢業以後，……學校會給我們分發工作，……我希望就在臺北附近。……然後，……輝哥，……我們就結婚啊！……不是，……我們山盟海誓，早就說好了嗎？

輝：麗珠，……妳不嫌棄我是個盲人嗎？

方：我要嫌棄你，……你失明以後，……早就不理你了，……還會……等到今天嗎？

輝：若是，……我通不過「調音師」的考試呢？

方：我對你有信心，……我相信你會考取的！……

輝：麗珠，……妳對我的感情，……眞的像山一樣，永遠不變？

方：前幾天，……我們學校帶我們去一個盲人院，聆聽那些盲生舉行的音樂會，……那些表演者，個個都是雙目失明的，……但是他們彈奏的鋼琴，拉的小提琴，……並不比我們受過專業訓練的差，……盲人院的老師說，……美國有一位盲眼的律師，做了聯邦法院的法官，我們臺灣，有位全盲的考生，叫藍介洲，參加專門技術的高普考，在三千多應考人員中，名列榜首第一名，……所以，……輝哥，你千萬不要認爲失明，……而自卑氣餒，……有位盲人，在淡江大學畢業以後，現在還當選了立法委員呢！

輝：麗珠，……有這樣的事嗎？……妳怎麼知道得這麼多！

方：因爲你失明了，我才特別注意有關盲人的新聞啊！

（音樂）

母：喂，……這裡是樂器行，……麗珠，……在，……好，我知道了，……我現在就要她回去！（掛上電話）麗珠，……妳爸打電話來，……說家裡來了客人，……要妳立刻回去！

方：是，……伯母，……我這就回家去！

（音樂）

輝：（自敘）那天，麗珠走後，我好像有一種不祥的預感，後來，我跟她還通了幾次電話，……她說因忙於畢業考試，要我等她畢業後，……再跟她聯絡！……有一天，母親跟我說……

母：阿輝，……你別再去找麗珠了，……眼前，你要專心應付「調音師」的複試，……等複試通過了，……再去找她，不好嗎？

輝：媽，……旺叔說，……我一定會通過複試的，……妳放心好了，……只是，這一陣子，麗珠已很久沒來找我了，……我怕，……她是不是已經變心，……有另外的男朋友了！

母：不會的，……麗珠，……在你失明以後，都沒有變心，……她怎麼會交上另外的男朋友呢！……你……就喜歡胡思亂想，……這樣，怎麼會成功呢！

輝：過去，……只要我打電話去，……她就會來看我，……這些日子，……打電話去，……要不她不在家，……要不……她父親說，……她沒空出來！……我看，準是有了問題！……

母：阿輝，……你失明以後，……凡事，……都往壞處想！……麗珠……是個好孩子，……等她畢業以後，……只要她願意，……媽……就爲你們辦喜事，早一點把她娶進門來。……

輝：（高興的）媽，……眞的？

母：嗯！……眞的！……

（音樂過場）

輝：（敘述）我終於通過複試，……可以正式做一個鋼琴調音師了！……旺叔，特意爲我放了一串鞭炮，爲我慶祝！

（鞭炮聲）

輝：我近兩年的努力，終算沒有白費，我先打了個電話，告訴麗珠這個喜訊，想不到電話是麗珠的父親接的，……他要我再也別打電話找麗珠了，……麗珠，……過兩天，……就要結婚，嫁出去了！……

（音樂驟然升起）

楊：怎麼，……會這樣呢？麗珠……眞的變心了？

輝：當時……我晴天霹靂，昏倒在地，……母親、旺叔，……急忙把我送到醫院去！奶奶聽說了此事，……特地下山到醫院來看我！

奶：阿輝，乖孫子，……算了，……你們沒有緣份，……就把她忘了吧！……

輝：不，奶奶，……她跟我有過「山盟海誓」，……她答應我，不會變心的！……

奶：傻孩子，……「山盟海誓」，……有時候，也都會變的。……

輝：奶奶，……妳陪我去她家，……我想……再見她一面，當面問個清楚，……是不是她父親因爲我眼睛失明了，……故意騙我的！……

奶：她父親故意騙你的？（思考一下）嗯，……也有可能。……

輝：奶奶，……妳陪我去找她，……我要親耳，……聽麗珠告訴我，……她結婚的消息！

奶：阿輝，……好！奶奶答應陪你去找麗珠，讓麗珠當面告訴你。

（音樂）

輝：那天，奶奶果眞陪我去到了方家，我們說明了來意，麗珠的父親出來見我們，……他向我們證實，麗珠確是快要出嫁做新娘了了，……希望我別再去找她，……我說，我不相信，……她父親就拿了一張喜帖出來，……給我們看，希望我們這一天，也去喝麗珠的喜酒，……爲她祝福！……

楊：這，……可是眞的了？

輝：當時，……我還是堅持，見麗珠一面！她父親說，……你什麼也看不見了，……還見什麼面！……還是回去吧，……再不走，他就要去派出所報告警察來處理了！……

奶：阿輝，……我們回去吧！麗珠，……不可能出來見你了。

輝：奶奶，……我不想回去，……我一定要聽……麗珠親口告訴我，……她……怎麼……會狠心，……把我丟下，……（痛哭失聲）……嗚……

奶：阿輝，……孩子，要拿得起，放得下，……千萬別掉眼淚啊！

輝：（依然傷心啜泣）……

奶：走吧！……你看，……有人在看你的笑話了！……快走吧！

輝：麗珠，……麗珠……

（音樂）

輝：回家以後，……我病了，……發著高燒，……胡言亂語，……神智不清，……母親急得不知如何是好！……過了兩天，旺叔突然，……收到一封麗珠寄來給我的信，……他拿來，唸給我聽！（撕開信封，打開信紙聲）……

旺：啊！……眞是麗珠寫給你的，……她具的名！

輝：旺叔，快唸吧，……她信上寫些什麼？……是不是希望我能原諒她？……

旺：不……不是的！……（聲音喑啞起來）阿輝，……別難過，……麗珠，……她……已經死了！這是她臨死前，寫給你的絕命書！

輝：（訝異、驚恐）什麼？麗珠……死了？……我不相信，……你快把她寫的信，……唸給我聽啊！……（急躁地）你快唸呀！

旺：（紙張抖動聲）好，……我唸。……

方：（傷心的語調）阿輝，當你看到這封信的時候，……我已經不在這個世界上了，……自從你失明以後，我父親就不贊成我再和你交往，……但是，……我不聽，……後來，他怕我誤了終身的幸福，逼我嫁給那姓周的，……不准我，……再去找你，……我就決定，一切等我畢業以後再說。……誰知道，他用迅雷不及掩耳的手段，很快決定了婚期，……我在無法反抗，又不願辜負你對我的一片眞心下，……決定結婚前夕，……結束我的生命！……特在此，……給你寫這封信！……阿輝，……我聽說你已通過調音師的考試，……我向你慶賀與祝福，……來日，……我們在天上，……再相見吧！……麗珠絕筆。

輝：（痛澈心肺的嚎叫著）麗珠，……妳……怎麼會……這樣想不開呢！……呵，……縱然，……妳不得已，……和別人結了婚，……我還是希望……妳能活著，……我不想……妳就這樣離我而去呀！

旺：（嘆息）嗨，……這麼乖巧可愛的女孩，……怎麼會這麼糊塗呢！……

母：（腳步聲）……旺叔，發生了什麼事？……

旺：老闆娘，……妳不在，剛才，……郵差送了封信來，……是麗珠寫給阿輝的。……

母：什麼？（高興的）麗珠寫信來了？……

輝：媽，……是她寫的絕命信，……麗珠，……她已經死了！（哭泣）……我永遠也見不到、摸不到她了！……

母：（難過）怎麼會這樣？……怎麼會這樣！……

旺：是她父親給逼死的，……嗨，子女的婚姻，……做父母的，……還是少干涉的好！……要不然，……也不會發生這樣的事！

（音樂）

輝：楊小姐，妳知道，鋼琴爲什麼時時都要調音嗎？

楊：因爲受空氣中濕氣的影響，琴弦受潮了就會變音，……爲避免變音，所以琴裡要插「除濕棒」。

輝：但一直插入傳統的除濕棒，也不太好。

楊：爲什麼呢？

輝：因爲琴弦過份乾燥，……也會變音。……現在發明了一種「全自動的除濕器」，只要插上電流，放在鋼琴內，就可以不用費心了，因爲濕氣太高了，它會自動通電除濕，濕度恰當了，它又會自動停止除濕，對於鋼琴的保養，既省事又不麻煩！……

楊：這種「全自動的除濕機」，……市面上有得買嗎？要多少錢一個？

輝：市價三千元，……我優待客戶，只要二千五，……妳要裝嗎？

楊：好啊！……你有帶來嗎？

輝：楊小姐，……我帶來了，……現在就給妳裝上。……爲了感謝妳把我的故事，編成「廣播劇」播出，……我母親、奶奶，……還有旺叔聽了，……都很感動，……這……就免費送給妳，……表示我的一點心意！

楊：調音大師，……這怎麼可以。錢……你一定要收下，……以後，……我的鋼琴，……音不準了，……還要請你來調音呢！……你是我這架鋼琴永遠的調音師呢！

（用手指劃過鋼琴，發出一串聲音）

輝：楊小姐，……好了，調音完工了，……我得走了！謝謝妳，……這錢我收了。

（柺杖聲，開門聲）

楊：林師傅，再見了。

（音樂升起，全劇終）

——八十八年五月卅日完稿——

形而上的必然

本小說以一位哲學教授輔導某失戀學生度過人生危機爲經，這位哲學教授自己年輕時，如何度過人生危機的故事爲緯，交織成的。

一

暑假即將開始，看完所有的報告，終於把成績打好送出去。回到研究室，發現門上的籃子裏有一個小包裹。打開包裹，是一盒對筆及一封信。信是這麼寫的——

萬明教授：您好！

奉上一份「形而上的必然」【註】，請老師笑納，聊表微忱，感謝老師一年來的教導。

周末下午，我可以到您的研究室談談嗎？此時的我，眞不知該何去何從，極需一位有理性，又能指引出我人生方向的老師，給我一些意見。可以的話，周六下午兩點，我過來看您。　肅此

敬祝

教安

學生王三峰敬上　一九九五・六・廿二

註：老師，您自己說過，形而上的道（敬意）必需通過形而下的具體實物來表現，這叫形而上的必然性。所以……。

二

王三峰，一個熟悉的名字，看到這個名字，眼前就浮現出那高大略帶稚氣，卻又有一股抹不去之憂鬱氣質的大男孩。他上過我兩學年的課，第一學年的宋明理學導讀，每次下課都是第一個衝過來問問題，等到別的學生都問完問題了，他又盯上來陪我走一段路，聊一些哲學上的、人性上的、或生活上的問題。自從被他「盯」上了之後，我一開始是有種被信任的快感，之後則有強烈的責任感，彷彿這個大男孩已將他一生的未來託付給我，實在是一般的學生對班導師，也沒有他對我這般親近。

本學年他修我的中國哲學史，一樣的愛發問，只是不再有多餘的時間纏著我說話了，大概是他身邊多了個女孩絆住他了。這女孩叫柔柔，也被他拉來旁聽我的課。

學期一開始，她陪著他一起問問題，他說：

「老師，我看了牟宗三的《中國哲學十九講》，裏面說每個文化的開端，不管是從哪個地方開始，它一定是通過一通孔來表現，這是形而上的必然。老師，我還是不太明白，什麼是形而上的必然性？」

我以學理上的方式解釋了，他還是不太懂，於是替他舉了例子說明：

「譬如說你喜歡一個女孩子，儘管心裡多麼喜歡，如果不用行動表明心意，那麼對方永遠不會知道，至少不能明確的知道。所以有很多人送花給喜歡的女孩，這種具體的送花行動，可謂之形而下的實體，用來表示他形而上的愛意，了解了嗎？其實這也是『理』落到『第二序』上的講法。」

聽完我的說明，三峰除了對我點點頭之外，與柔柔交換眼神的同時，兩人互相給對方一個會心的微笑，這樣的表情是一種默契，似乎今天他們才送過花，用花來傳達愛意，他們眞是幸福的一對。只是不知道三峰遇到了什麼事？正在思索著這問題時，電話鈴響起，話筒那端傳來三峰的導師張教授的聲音——

「柯教授嗎？你現在有沒有空？」

「什麼事啊，張教授？」

張教授用急促的音調說：「你能不能到仁愛醫院的急診處，看我班上那個學生，修過你課的王三峰？」

「他怎麼了？」

「剛剛被發現吃安眠藥自殺，已經送醫院了，同宿舍的同學來告訴我，他昏迷中除了叫喚女朋友的名字，還一直喊著，柯萬明教授！叫著『柯老師，我該怎麼辦？我該怎麼辦？』」

「哦！怎麼這麼想不開？都要畢業了，過兩天就畢業典禮了，這孩子也眞是的。」

「等一會兒，我有個系務會議要開，你可不可以先過去看看？」

「好。有沒有聯絡他南部的父母？」

「還沒聯絡上，不過他們要趕上來臺北，也沒那麼快。」

「好。我這就去。」

三

在急診室外，看醫生護士忙進忙出，在三峰身上插了很多管子，除了等待，我又能做什麼？隨手拾起座位上的報紙，駭然驚見幾個滲血的標題字：「擔心成績不佳，恐遭退學當兵，××大學學生，懸樑自盡。」

年輕人的生命何以如此禁不起打擊？成績不好就要尋死？那麼三峰已經到畢業的時候了，他的成績很好，又爲了什麼要服安眠藥輕生呢？是爲了女朋友柔柔嗎？

我實在不明瞭時下年輕人的想法，縱使我也年輕過，也遭遇過人世間的不幸，甚至也有過不如死了算了的想法，但那是好久好久以前的事了。

急救人員把三峰從急診處移至加護病房，他仍在昏迷之中，我與送他來的室友一起守候在外，不久他的室友要回學校參加某科目的補考，留下我獨自一人在此等待他的轉醒。大部份急救的醫生走了，只有護士三、四人，還在裏面「觀察」，她們向我招招手，要我入內陪伴病人，說：在病人病危時，親人的安慰與鼓勵，是很有力的精神支持。

我換上消毒衣帽，以親人的身份站在三峰的身旁，對一個昏迷不醒，甚至意識不清的人，我如何安慰鼓勵他？握著他的手，我輕輕的說：「三峰，柯老師來看你了，你要勇敢的活下去，世界上沒有解決不了的事啊！三峰，你要活著呀！」

除了虛弱的心跳，他對我的話沒有半點反應，看著他慘白而沒有血絲的臉，我倏然回憶起自己也曾有過一段蒼白的歲月，雖已隨時光流逝而深潛於內心之滄海，而今面對著一個垂死的年輕生命，我那段往事竟如不安的海域，在方寸間波濤起伏。

四

也是在我大學畢業典禮的前幾天，畢業班演奏會之前一週，我們音樂系的同學們到東部畢業旅行。男友雖是畢業校友，亦陪我前往。我們計畫好，等旅行回來開完演奏會，我也正式到音樂班去任教，他就要家人去向爸爸提親的。

爸爸只有我一個女兒，總希望我繼承他的志向，當個保家衛國的軍官。可惜我身高不夠格，只有一四九．五公分，就算穿了高跟鞋，也夠不上軍中研究所對女性報考人員的一六五公分之門檻。

其實當音樂老師也不錯，我的的確確很喜歡音樂，常常在欣賞他人的鋼琴演奏時，就會興起有爲者亦若是的想法。國際知名的俄國鋼琴作曲家兼演奏家拉赫曼尼諾夫是我崇拜的偶像，我常常幻想著，有一天也能成爲國際級的演奏家。

有時候教會的司琴美珍有事，找我去代替她。我沒有信教，也對那種缺少激昂的律動之教會聖詩式的音樂沒有興趣，不過爲了能利用司琴的機會，可以彈彈教堂那架義大利進口，價值一、兩百萬元的平檯型演奏式鋼琴，我不用考慮就答應了。因爲父親不可能給我買那麼昂貴的琴，而就算買了，我家那麼小的客廳也放不下那樣的大琴。

美珍讓我去教堂練琴時，我就偷偷的帶了我最喜歡的曲譜——蕭邦二十四首前奏曲。在彈聖詩之間穿插我喜愛的曲子，讓激昂的旋律、充滿生命力的樂章迴旋整個教堂，這才是我心目中的音樂啊！

幸福對我而言，是理所當然的。男友爲仁（我實不願再想起他的名字）把我捧得高高的，爸爸疼我，師長同學們都愛我。畢業之後有一份很好的工作等著我，有一段美好的婚姻等著我，除了不能擁有一架進口的演奏式名琴之外，我是最幸福的女孩。

就在我們畢業旅行的回程，經過蘇花公路，山崩造成爲仁與我天人永隔。我親眼看到他被埋在落石土堆中，挖出來時已是一只不能動彈、不能言語、不能再睜眼看我一眼的屍體。而我的手指也因落石壓傷，嚴重損及筋骨，再也彈不出美妙的樂音了。

這一場山崩，奪走了我靈巧的雙手，也粉碎了我原本以爲理所當然的幸福，空有一雙笨拙的手，我還能做什麼呢？爲仁亡故了，我一個人活在這世界上，有什麼意義呢？此時，我腦子裏只有一個念頭，爲什麼老天不讓我跟他一起走？而獨留下我一人在此承受這樣不堪的境遇呢？

爸爸怕我想不開，找美珍天天來陪我，我卻覺得很煩，也不想與任何人交談，心想如果能這樣靜靜的躺著消失了，到爲仁的身邊，不知該有多好。

看我精神不振，爸爸很急，美珍也很有耐心的陪我。大概是我從小被爸爸慣壞了，因爲媽媽在我七歲時就病逝了，爸爸總是加倍愛護我。我實在不忍心看他難過的樣子，但是我就是提不起精神，整個人攤在床上，像個行屍走肉一般，而我只是不想動，不想說話，不想吃喝。我應該嚎啕大哭的，可竟哭不出來。

美珍是信教的，她相信我們的上帝，其實是她的上帝，一定會拯救我，因爲《聖經》詩篇說：「我雖行在患難中，祢必將我救活。」她每天來唸一段經文，或《荒漠甘泉》裏的話給我聽。這對我這不信教的人而言，無疑只有增添厭煩，不過我什麼話也不想說，就隨她去。

五

「燭不燃燒，根本便沒有光。有了燃燒，然後才能有光。我們自己若不先有損失，就不能有益於人。燃燒好似人生中的痛苦。信徒必須經過痛苦，然後才能有益於人。可是我們常見了痛苦，卻喜歡逃避。」

「我們常想：當我們手腳輕健、身心強壯，能做大事業的時候，是能被神大用的時期。當我們孤單、害病、失業的時候，是沒有甚麼用處的——是不能被神重用的。可是，我們若能忍耐、降服，我們在痛苦中，必有更大、更有用的事業，遠超過我們自己所想的。」

美珍滔滔不絕的唸著。……

「明天的榮耀，是今天的痛苦。」

她連續唸了一個禮拜，我仍不覺得被她的上帝拯救，直到有一天，她唸完「當把你自己所計畫的路程表撕得粉碎。沒有一件事會照你所意料的實現。你的嚮導知道怎樣引領你前進。祂將領你走一條你所夢想不到的路徑。祂不知道懼怕，祂也希望你因著祂的同在不知懼怕。」之後，跪在我身旁，替我禱告：

「主啊，求祢憐憫萬明，醫治她的心靈，讓她不要定睛看著她所失去的而心灰意闌。求祢睜開她的眼，讓她看見自己還擁有的，並能夠知道珍惜，我們相信祢是全能的主，必要引領她走一條，她所夢想不到的路徑。……」

美珍一邊禱告一邊哭了，爸爸看到美珍如此，也流著淚對我說：

「孩子，我的好女兒，你媽死的早，男朋友也走了，可你還有我這個爸爸呀！你不能這樣下去，人死是不能復生的。手不能彈鋼琴，也還能做別的事。你再這樣下去，不吃不喝，叫爸爸老了指望誰呢？」

爸爸穿著一襲英挺的軍裝，卻滿臉淚痕，這樣的畫面實在不相稱，我忽然覺得自己雖然失去許多曾經擁有的，但不能撇下爸爸不管，於是起身抱著爸爸對他說：

「爸爸，我對不起你！」說完就大哭起來。

我這一哭，爸爸與美珍都很高興，忙著給我找吃的喝的。我喝了一些熱湯之後覺得身體好多了。

六

正如美珍爲我禱告時說的「要看見自己還擁有的」，不要掛念那已失去的。我經過「山崩」事變之後，只好放棄音樂，想想自己還能做什麼。在學校裏除了上音樂課彈琴，我最喜歡上的課是《中國哲學史》，於是我請爸爸替我去報名各校的哲研所，預備將來當哲學老師。而在這次事件之後，我發現自己對哲學的理解能力大增。就這樣走向了「一條我所夢想不到的路徑。」最後終於成爲在大學裏教哲學的老師。

在我絕望的時候，是父親的眼淚救活了我，而此刻我一人在加護病房中，我急切地希望三峰的父母或任何他的親人能趕來，或者他的女友柔柔，對他應該也有鼓勵作用吧！可就是沒有人到來。

不知道是等太久，還是我太疲累了，竟趴在三峰的病床邊睡著了，並且做了一個夢。夢見軍事學校來通知，爸爸很高興的告訴我：「萬明，你可以像爸爸一樣成爲一個軍人囉！那是一種至高的榮譽。」接著有位類似民意代表的官員，送來一架義大利進口的演奏鋼琴，指名要送給我，理由是他們家沒有人會彈，我收下琴正要彈就醒過來。發現三峰已微微張開眼，看到我，悠悠地吐出話來：「老師，我還活著嗎？」

「傻孩子，你當然還活著！」

「您不會笑我吧！我是個失敗者，柔柔她不要我了，她已經和別人訂婚，並且辦好出國手續，馬上就要出國留學了。而我家裏負擔不起我出國的費用，我只能眼睜睜地看著她變成別人的。」

聽了他的話，我想起美珍曾對我說的話，於是對他說：「三峰，你要多看自己還擁有的，不要掛念已失去的。況且男兒志在四方，不必爲了一個女孩子而斷送自己美好的前程。」

看他臉色白一陣、青一陣，我趕緊請醫生及護士過來察看。不久，他的導師張教授及父母也趕到醫院。我實在累了，就把病人交給他們先回家休息。

七

畢業典禮之後，過了幾天，王三峰病癒出院，到我的研究室找我，我雖忙著我幾個研究生的研究計畫，仍很高興看到他來。

「老師，我又來打擾您了，實在是我……」

「別跟老師客氣，想說什麼就說什麼，不要把心事放在心裏，那會悶出病來。還在爲柔柔的事難過嗎？」

「沒有。我是說已經沒有那麼難過了。只是我一想起她的眼神，就會很痛惜沒辦法與她在一起。很奇怪，我只要跟在她身邊，與她一邊走，一邊聊天，看著她的一顰一笑，就覺得有滿足感，從而感覺到自己的『存在』，看不到她，就很不舒服，而覺得虛空。」

「感情的事得慢慢來，當然，一時之間要忘掉她是不可能的，但老師相信你是提得起放得下的人。況且你還有父母，及對社會國家的責任要盡。說不定有一天你功成名就了，娶到一位比柔柔還要好的女孩子也不一定。」

「我會再遇到像柔柔一樣好的女孩嗎？」

「一定會的。只要你現在開始努力，將來有一番成就的話。都已經畢業了，有什麼打算？」

「想考研究所，可現在的研究所都是自費的，我又不想增加家裡的負擔。」

「其實也有公費的，據我所知有些軍校的研究所，非但不用繳學費，還有生活津貼，不過管理是軍事化的方式，比一般學校嚴格，而且畢業後必需任軍職。你願意嗎？」

「這，我想要先看看招生簡章，才能決定。」

「好，那我就告訴你到那裏買招生簡章。」

八

過了一年多，我又在忙著編寫上課用的講義，有一天在研究室的籃子裏，發現有一封信，是熟悉的字跡，信是這麼寫的——

萬明教授：您好！

我是去年中文系畢業的學生王三峰，修過您的《中哲》、《宋明理學》的課的那個，您一定沒忘記我吧！

因爲老師的鼓勵指引，去年我順利考取新聞研究所，已經就讀一段時間。下週因爲要實習到報社當臨時記者，屆時可抽空回母校看您。

老師對我說過「男兒志在四方」這句話，是我永遠不會忘的。目前我在這兒，除了接受基本的軍事訓練，也學了很多新聞編採實務的知識，畢業之後又不用擔心工作問題，我已經走在老師指點我的「明路」。爲了表示感恩，每次領了生活津貼，我就想請老師上好一點的館子吃飯，只是時間上總是不允許，下周可以有機會囉！我們下週研究室見，到時候決定去哪一家館子。

肅此

敬祝

教安

學生王三峰敬上

過了一週，王三峰果然出現在我的研究室門口等我。他看起來比以前黑，也比以前壯了許多。我很高興他不再憂鬱了，整個人顯得很開朗。

我接受他的邀請，一起去用餐，但吃完飯後我堅持由我買單，我告訴他，由收入多的人付錢，是「理」落到「第二序」上的做法。他慚愧的低下頭，說：

「老師教我許多哲學上的學理，我實在沒辦法全記得住，不過還記得老師舉的例子，說，男生追求女生時，借送花表達愛意，是『形而上的必然』對不對？」

「哦！你就記得這個，也不錯啦！有的人一踏出校門就什麼都忘了。」

「那不是我，實在是我永遠需要一位像老師這樣，懂哲學又能指引我人生方向的老師。」

聽了王三峰這樣說，我覺得我數年來授課所累積的辛勞，頃刻間都得到了應有的代價。看到學生的成長，是老師最大的快樂。餐後三峰還對我說了一些他在軍校生活的趣事，或許下輩子吧！我的身高長高一點，也能進入軍校，體會到他所說的趣事。

註：寫這篇小說乃基於對生命的尊重與愛惜，能得獎是當初沒想到的，謝謝主辦單位及評審老師，對這篇創作的肯定。當我用第一人稱限制觀點，來經營小說中的虛構世界時，整體由縱切面看來，每一個故事情節應該都是虛構的；如果由橫切面來看，對曾經認眞思考過的人而言，每一個環節，啊，點點滴滴都是眞實的存在。感覺自己的存在，是一種美好的經驗。我經由追隨K教授研習哲學史，而曾經有過這種美好的經驗；從而有這篇小說的誕生。希望本書的出版，讓這篇小說能有更多的知音。

（本小說曾於八十五年獲第三十二屆國軍新文藝徵文短篇小說銅像獎）

爲了一張海報

當初處理這個學生打架事件，原本以爲只是爲了一張海報，如今想想卻是關係到……

正打過上課鈴，警衛室的值勤人員找到我，要我立即趕到教官室，說我們班的劉燿明出事了。究竟出了什麼事？

擔任中文系一年甲班的導師快一年了，開過幾次班會，對一般學生的印象雖不太深刻；劉燿明常和吳至誠、王效眞來問問題，有比較清晰的印象；腦海裡搜尋劉燿明的影像，是那個方臉，愛穿格子衣服，上課很專心的小矮個。

到了教官室，學生輔導中心的張老師正在一個小房間內跟他談。蔡教官告訴我，劉燿明在學生布告欄那裡打傷了一位經濟系的學生孫克炎，現在已送到醫院。訓導處覺得奇怪的是，他一直不肯把打人的理由說出來，打人本來就不對，他又不說出事情經過，如果孫克炎傷勢重的話，記兩個大過恐怕逃不掉。

身爲導師，我當然不能讓班上的學生受到過重的處罰，蔡教官的說詞也未免太誇張了。我把劉燿明從教官室領出來，問他爲什麼打人？他只是低著頭不願多說一句話。問他知不知道自己錯了，他微微地點點頭，表示願意與我到醫院去看孫克炎，希望我不要把這件事讓住在鹽水的寡母知道，不要讓她操心，然而就是不肯把打人的理由告訴我。

到了醫院，孫克炎的手腳都綁了繃帶，牙齒掉了兩顆，暫時不能說話，有沒有骨折及內傷，醫生說還得進一步檢查才知道；這麼重的傷勢，想是因耀明練過拳，力道足的關係。孫媽媽看到我們去，知道劉耀明是打她兒子的人，一時情緒激動起來。我在一旁好話說盡，總算完成初步的道歉。我讓耀明暫時退出病房，問孫克炎爲何被打？他的口齒不清很難表達，最後用受傷較輕的左手勉強寫下「海報」兩個字。

「爲了海報打人？」我不解。

醫藥費的賠償問題，還得請孫克炎的導師居間協調，劉耀明是義理組的，對中國哲學思想有極大興趣，居然會動手打同學，我給他一些時間，希望他說出事情本末，我實在不願看到學校記他大過。

約了班上的吳至誠、王效眞到研究室談，他們常與劉耀明在一起，應該多少知道一點打架或海報的事。偶然經過福利社，聽到幾個學生議論紛紛，說：「義理怪人那一班的怪胎，打傷了我們經濟系的學弟，老師古怪，教出來的當然是怪胎……」那些學生其中一個選過我課的，看到我，立刻向正說著的學生使眼色，他們就吐吐舌頭跑開了。

教中國哲學史這些年來，現在才知道學生們私底下給我封了這個諢號，叫我「義理怪人」，其實對於過了不惑之年的人，處理別人的看法，早已學會一笑置之。儘管同事們常私下議論我，不能理解我，說我是怪人，我也不以爲意。

在我讀大學的年代，很流行志文叢書，如果不看幾本，就會被視爲落伍。我很討厭看翻譯的書，唯獨選了志文出版的E·佛洛姆的書來看，他是位具有東方心靈的西方心理學家。他有一段話說得很貼切：「有堅強信念足以抗拒群衆的人，是例外者而不是通例。這種人往往在數世紀以後受人讚美，但在當代絕大部分是被嘲笑的對象。」

被嘲笑的人，如果能看到這一段話，應該更能面對迎面而來的嘲笑吧！

到了約定的時間，吳至誠依約前來，他對劉燿明打人的事並不知道原因，不過提供了劉燿明最近的生活動態。他說：「燿明很用功，不過他讀書的動作有點怪，我跟他同宿舍，幾乎每天看著他的這些動作。他要看書做功課前，一定要先練幾套拳，對照著拳譜練，還讓我看他的動作對不對。練完後洗澡換衣服，用毛巾包了一些冰塊，再裹一條塑膠布，就開始K書，直到那些冰塊溶解才休息，一個晚上大概換三、四次冰塊，才上床睡覺。

有一次，他的外套脫下來掛在椅子上，我以爲是我的，隨便拿了就穿，他進門一看說是他的。我很奇怪系服都一樣，他如何一眼認出外套是他的？就開玩笑地要他證明給我看，他表示如果是他的，外套內層有寫『雖千萬人，吾往矣！』的句子；我翻開外套，果然寫有雖千萬人吾往矣，就脫下來還給他。」

雖千萬人吾往矣！是《孟子》「公孫丑上篇」裡談到義勇時的一句話，原來燿明是孟子的信徒。吳至誠的話題顯然沒有關涉到打架事件，於是我問他是否知道關於海報的事，他想了想，然後說：「老師說的海報，不知道是不是我看到的那張？」吳至誠猶豫著似乎不太想說，看他的表情，好像說了就會出賣朋友一樣。我鼓勵他說出實情，並告訴他這樣對燿明減輕處分有幫助，他才繼續說下去。

「前天早上，才六點半，大家都還在睡覺，我因為一篇作業報告沒寫完，提早到學校。經過布告欄，看到劉燿明騎著腳踏車，前瞻後顧地像是怕被人看見，手上拿著一張海報，我問他要貼海報嗎？他擺擺手說，沒啦！我覺得他實在太怪異，就假裝離開躲在樓梯間，偷看他到底搞什麼鬼。他看四下無人，就很快地把海報貼上去。」

貼海報不違反校規，何必這樣偷偷摸摸？

「我也很納悶，趁著他還在那兒，就跑過去問他，順便看看他到底貼了什麼海報。那張海報畫了一些打擊罪犯的漫畫，主題有八個大字『反對暴力義理救國』，呼籲同學們多研究中國固有的哲學思想，熟讀四書、老莊、宋明理學之類的古書，發揮道德力量，才是平息社會亂象的根本之道。」

他的想法很正確，可以光明正大去貼。

「他是南部來的，怕羞，不敢讓人知道海報是他貼的。不過既然被我發現，他很難為情，拜託我不要告訴別人，我答應了他，現在卻又告訴老師，眞是……」

當吳至誠陷入無法守信的不安，我以沒有告訴其他同學仍算守信，況且一切都是為燿明好，來寬慰他。並要他多講一些關於海報的事。

「除了那張海報，劉燿明告訴我，他計畫製作另一張海報，以『上教育部長書』的內容爲主，讓同學們簽名後，再寄給教育部長。」

說著說著，吳至誠從口袋掏出兩張紙遞給我。

「這是劉燿明影印給我的，叫我看了以後提供意見，他準備參考大家的意見，修改後再貼到海報上，希望有很多人簽名。」

我看了「上教育部長書」內容如下：

吳部長鈞鑒：

近來兇殺案一件接一件，件件使人震驚，從劉邦友官邸血案、彭婉如命案，到女學童姦殺案，白曉燕綁架案……已使得人心惶惶，失去免於恐懼的自由。我們一群中文系的學生，實不忍心見此社會亂象繼續，思考救治之道，唯有從根本做起。

揆諸事實，今日之社會亂象，冰凍三尺非一日之寒，最重要的因素是道德的淪喪，思救治社會亂象，道德重整的工作刻不容緩。重整道德最好的辦法，就是從教育做起。

教育如何做起？落實之道在於對中國哲學的重視，如果部長能知會並建議各校校長，於各高等或技職學校，將中國哲學史列爲必修課程，使人人在求學過程中，都能受教於古聖先賢，陶養其成爲君子人的性情，人人尋回放逸已久的本心、良知，社會自然和諧，暴戾之氣自然消弭。以上建言出於一片熱誠，懇請　部長明鑑。

恭祝身體健朗康泰。

一群中文系的學生敬上

中國哲學史是中文系大四的課，劉燿明因著對義理有興趣，迫不及待地來旁聽，且看了不少牟宗三、熊十力、唐君毅等等新儒家的著作，他常利用我去上他們班上大一國文時，問一些哲學上深入的問題。難得他有這股濟世救人的熱誠，這樣的年輕人不多了，爲了深入了解，我找出他的背景資料來看。他的父親是警察，母親是家庭主婦，沒什麼特別。

翻閱他的作文薄，在題爲「未來的我」這篇文章中寫道：「未來的我，應該是一名掃除黑暗勢力的人民褓母，雖然我積極練武強壯體魄，但是因著我母親的反對，我無法如原本希望的成爲警察。母親要我做什麼都好，只要不是警察。於是我想起鄰居張爺爺小時候教我讀《孟子》，他身著長衫，手拿摺扇，談古論史，與先聖先賢神遊於天地間。或許有一天，我中文系畢業，修完教育學分，當國文老師之後就像張爺爺一樣。……」

吳至誠回教室後，換王效眞來。王效眞是劉燿明的同鄉，也是很用功的學生。她在鄉村長大，皮膚卻很白皙，長長的頭髮披在肩上，說話聲音柔柔細細的，寫字很工整，因家境不太寬裕在中文系圖書室當工讀生。她來到我的研究室時，可能走得太快了，雙頰泛紅。爲了穩定她緊張的情緒，我先問她一些學習近況，再導入正題，請她講講有關劉燿明與孫克炎的事。

她先從如何認識孫克炎講起。第一次遇到孫克炎是在電梯裡。那天我正要去圖書館值班，他看到我就直釘著人家看，我出電梯，他也出電梯，我進圖書館，他也進圖書館。後來在我值班的時候，他幾乎都會出現。

有一天他在還書時，順便夾了字條給我，約我看電影吃飯，我沒有答應他，他到圖書館的次數就越來越少。不知道是不是惱羞成怒。有一天，我正抱著一堆書準備放回架上，孫克炎突然朝我身邊跑過，害我抱的書都掉地上，他急急說了一句對不起就跑走了。當時劉燿明也在場，很生氣地罵他沒禮貌，還說要追去警告他，不准他來欺負我們班上的女生。我覺得多一事不如少一事，就拉住燿明沒讓他追去。

老師，那些壞男生，爲什麼總喜歡欺負我們女生？昨天下午，我一個人走在走廊，孫克炎他們班的兩個男生從我對面走來。在就要接近時，其中一個突然將另一個用力擠向我身上，害我嚇一跳。被擠的那個猛說對不起，另一個在旁邊大笑，眞討厭呢！」

王效眞長得太嬌柔漂亮，難怪那些男生喜歡吃她豆腐。聽她這樣說，我要她儘量不要一個人單獨走，如果再有類似情況，必要時可以透過他們班導師告誡他們。我提醒她關於海報的事，她說：「學校園遊會那天中午，我經過布告欄那裡。看到孫克炎正把海報取下來。燿明過去勸他不要亂拿海報，孫克炎不聽，兩人就吵起來」……。

『喂！你幹嘛拿海報去包木炭？』

『你沒看到我裝木炭的袋子破掉了，我們班的烤肉急著要用呢！』

『那也不能這樣亂來啊！』

『這哪叫亂來，我是在替布告欄消除髒亂，這種什麼義理救國的八股海報，哎！都快二十一世紀了，誰要看這種幼稚荒謬的海報？眞不知道是誰畫的？』

『你……太沒有愛國心了！』

『啊？哈哈哈……難道這是你這位愛國志士畫的，哈哈哈……』

『住口，是我畫的沒錯。現在社會這麼亂，就是被你們這種人搞壞的。賣什麼烤肉，就只知道賺錢，無視於國家民族的存亡，自私自利，不顧道德良心……簡直是無賴，我還知道，你追我們班的王效眞追不到，就故意在她搬書時去撞她……』

孫克炎推了劉耀明一下：

『走開！我不要聽你說廢話。再不讓開，我的拳頭可不認人。』

『不，我今天就要喚醒你的社會意識，提醒你的良知良能。……』

『你不只迂腐，並且欠揍。』

孫克炎打了劉耀明幾拳，耀明還手，畢竟他練過國術，所以就把孫克炎打傷了。」

校方已給我下了最後通牒，根據醫院報告，孫克炎的內傷雖不嚴重，又沒有骨折，但依校規耀明得記兩個大過。我得到消息趕緊把他找來，要他無論如何必須將事情本末跟我說明白。他說的大致跟王效眞說的差不多，只是我很奇怪，他那強烈的社會道德意識從何而來？我臨時有個靈感，會不會與他父親有關？於是我隨口問問他父親的死因，他眼睛看著前方，面無表情地說：「他在一次出勤抓通緝犯時，被流彈射中……」

當初處理這個學生打架事件，原本以爲只是爲了一張海報；如今想想關涉到一個喪父小孩的傷心往事，一個因公殉職的警察的家庭，一個教人不知如何形容的社會形態，一個不知是否有人還在意「人之所以爲人」的問題，一個不知是否尊重愛惜生命的世界，一個……。

（本小說八十七年四月於「大同雜誌」發表）

難道俊美也是一種錯誤？

年輕俊美，擁有博士、教授頭銜的節目主持人佑倫，在錄完著名女作家的專訪，回到家後，一直爲一件事百思不解——爲什麼她在與我一次眼神交會之後，就不願意看著我的臉、我的眼？我的臉有那麼令人嫌惡嗎？爲什麼當導演要求，我們要彼此看著對方時，她堅持要把原本一直戴著的近視眼鏡拿掉呢？

爲了「她堅持把眼鏡拿掉事件」，佑倫雖沒有受到很大的困擾，卻也因爲她的眼神一直迴避自己，而產生一點點自尊心受挫的不快。「天啊！我這張臉有那麼可笑嗎？」

佑倫也試著不去想這件「小」事，本來嘛，女作家接受訪問時，要不要戴近視眼鏡，那是她的自由。只是，在幾次想刻意遺忘她的靈秀眼神，均告失敗之後，他實在很想打電話問她，究竟她心裡是怎麼想的，可是彼此並不是很熟，對她的了解也很有限。幸好，理性戰勝了好奇心，他在每天忙碌的教學、做節目中，幾乎把她、及她靈明的眼神給遺忘了。

三個月的某日，佑倫展開報紙的副刊，看到一篇女作家發表的文章，裏面有一段，撞擊著他的心房，撥動他內心的那根弦，她寫著——

人與人之間有道無形的牆，人與神之間卻沒有。但，人要接近神，一定要有聖潔的靈魂。以前我讀到「獨眼修鞋匠的故事」，總認爲那是神話，是矇人的。

那是傳說於《馬可波羅遊記》裏的一段故事：

在許多年以前，巴格達有一位擁有權勢的哈里發，非常憎恨基督徒，日夜都在思索著如何使國內的基督徒都改信他信仰的回教，要不然就將他們全部殺掉。每天他都會和僧侶及權臣們舉行會議，商討這件事。

有一天，這個哈里發同他的幕僚，在聖經中找到一段經文，上面寫著：「如果基督徒有芥子一般大小的信心，那麼他們想讓一座大山移動，那座山就會移動。」這段福音的大意，是在說明只要人能秉持信心，再困難的事情都可以完成。然而回教徒卻不這樣認爲。哈里發把他勢力範圍中的基督徒都召集起來，叫他們念出這段經文，又問他們說：「這段經文上面所說的，全都是事實嗎？」

基督徒回答說那一段是確實的。哈里發說：「既然你們說那些話都是眞實的，那麼我給你們一次選擇吧！你們這麼多人必能把那座山移動的吧！」他指著鄰近的一座山峰，繼續說：「如果你們無法把山移動，就必須改信回教，不然我就將你們全部處死。我給你們十天的時間；倘若無法完成，你們便要有所選擇了。」說完之後，便把這些基督徒解散。

基督徒聽了哈里發所說的話，都非常惶恐，但他們把希望寄託在上帝身上，相信祂將會帶他們度過這次難關。

於是，這些基督徒便聚在一起，整整祈禱了八天八夜，在第八天晚上，有一個天使向主教托夢說：「主教，你要想讓這座山移動，必須去找一個獨眼的補鞋匠來向上帝祈禱。因爲只有他的聖潔和虔誠，才可以使上帝答應他的請求。」

這個獨眼的修鞋匠是個忠厚而且聖潔的人。他長期吃齋，遠離罪惡，不但每天去教堂做禮拜，並將每日所得的一部分獻給上帝。至於他那隻眼睛是爲什麼才瞎掉的呢？是這樣的。有一天，有個婦人請他量製一雙鞋子，她伸出腳，好讓他量出尺寸。她那雙美麗的足踝，使這個鞋匠看得入迷了，不覺有些想入非非。他想起福音書上記載的一段話：如果你的眼睛使你的心志動搖，那麼你應該將它挖出丟棄，以免犯罪。因此在這個女人離去後，他便拿起錐子，釘進自己的眼裏，把那隻眼睛毀了。……因爲獨眼鞋匠的聖潔，上帝就垂聽了他的禱告，他救了這些基督徒……。

那時我實在無法相信，好好的一雙眼，爲什麼因爲看了美麗女子的足踝，就要把那一隻眼睛挖掉，難道美麗也是一種錯誤？是的，我今天終於了解，爲何美麗也是一種錯誤，甚至可以說是一種陷阱。

今天有一位俊美的男主持人訪問我。當我應導演的要求，與他相對視，在眼神與眼神交會的那一剎那，他的俊美讓我入迷，不自覺的想入非非。我是每晚禁食禱告，分別爲聖的基督徒，怎麼可以令自己修道的心志動搖，這時，我眞有把雙眼挖掉的衝動，我開始體會出「獨眼修鞋匠」的心境。

我立即把眼鏡取下，他俊美的顏面，在我眼前是濛濛一片，這樣我就安全了，不會掉入情慾的陷阱。雖然拿掉眼鏡，引起導演的不便，爲了讓訪問看起來很自然，我只好應導演要求，在幾次NG之後，「自然地」拿下眼鏡。但，我堅持一定要取下近視眼鏡，並在未取下之前，不再看他一眼。當他自言自語說「我的臉有那麼可笑嗎？」時，我實在不知如何向他解釋，只好向工作人員推說，我沒有接受過電視節目的專訪，不習慣所以……。

再笨的人都知道，那是自欺欺人的說法。不這樣又能如何說呢？難道要我跟他說：我不能看著你的臉，更不能看你的眼，因爲我怕我自己，一旦把你的眼神存入腦海，就無法忘懷。我眞的害怕我自己無法忘記你，所以我不能看你；你的俊美沒有罪，卻會引起我的情慾，那樣我就等於犯了罪。當然，我不看你，並不是對你不敬，而是防止自己對你產生愛情。我要過聖潔的生活，所以，我必須強迫自己，熄滅差一點就燃起的愛慾情火，我比「獨眼修鞋匠」還要幸運，只需拿掉眼鏡，眼前就什麼都不眞切，也記不住，更不會頻頻想起，……在我心裏只想過聖潔的生活……我要讓一切罪惡遠離我……。

佑倫讀完了女作家的文章，感到不勝唏噓，他不懂修道人的心情，只是恨不得像打小鳥一樣，把「上帝」也打下地來，問祂，什麼是聖潔？什麼是正直？終究，佑倫又回到往常的生活，教書、做節目，訪問許多名人。他與女作家就像兩顆彼此擦撞的小星星，在短暫的相遇及數次NG的濛濛相對之後，又各自循著各自的軌道前進。只是他偶而想起女作家的「拿掉眼鏡事件」，就不自主的做了一個舉槍向上的手勢。

（本小說八十四年六月四日於青年日報發表）

審馬記

一

一匹馬，不管是什麼樣的馬，如果不能竭盡才力，做好身爲馬所應做的事，牠就不配稱爲是馬。

拖泥車的灰馬被馬卒押到審判堂，等候審判。這灰馬走起路來有氣無力，肯定餓上好幾天了，一進廳堂，便懶洋洋的躺臥地上。

「灰兒，拿點精神出來，別老是癱在地上，沒精打采的樣子，等會兒我們馬爺看了不高興。」

灰馬不理會馬卒好意的警告，依然故我的躺在地上，不說一句話。

「喂，你這匹懶馬，我在跟你說話，你怎麼連氣都不哼一聲，到底是聽見了沒有？」

「聽見了又怎麼樣？沒聽見又怎麼樣？反正我現在已經死了，橫豎不用再做工了。」

「聽你這麼說，你八成是偷懶餓死的。」

「哪？你怎麼知道？」

「在這兒當差管事，見多了，聽多了沒什麼稀奇。像你這種馬，下場都一樣。」

「什麼下場？」

「一會兒馬爺上堂，自然會判決，現在我不能洩漏天機。」

這時馬爺已經坐上審問台，看完灰馬的資料說：

「灰馬，你提早來了？」

灰馬站起來有一搭沒一搭問

「馬爺，讓我投胎到大富大貴，不用做工的人家去可以嗎？」

「這個……恐怕有困難，依檔案資料顯示，你雖已經當了千萬次工馬，但都不努力工作，沒有盡你的本份，把該做的事做好，反倒處處打馬虎眼，投機取巧的混日子。甚至故意不吃糧秣，把自己餓死，以求解脫，這樣是沒有用的，你知道嗎？」

「我不管，同樣是馬，爲什麼蘇州城裡張員外家的馬，整天有人侍候得好好的，只要陪主人打打獵，就能過好日子，而我卻一天到晚搬運泥土，才能溫飽，上天對我這麼不公平，我當然要絕食，甚至以死來抗議祂的不公。」

「你這種抗議法子也未免太愚蠢了，天理審判一匹馬除了論其功過，更是依牠本身的良心德行來斷定牠的去處，你自己懶散，不求上進，反倒怪這個怨那個，如果不能徹底覺悟，誠心修練本身的德行，任何神仙都沒法子救你。你只有重覆投胎爲一匹賤馬，勞苦終生，疲累至死。」

「我苦惱沒有讓我發揮的環境。」

「環境因素是可以用勤奮和努力來克服的。其實你的問題不在環境，而在於你的態度不夠認眞。你自己摸摸良心，主人叫你做事時，你有沒有推、拖、閃、躲，藉故走避的記錄。」

「這……我不記得了。」

「你會忘記？……這資料上寫得清清楚楚。有一天早上，主人叫你把泥土運到拙政園花匠家，你假裝肚子痛。還有一次……」

「好了，好了，別說了，我承認就是了。」

「既然你承認自己的罪行，那麼我判定你再投胎去做一匹工馬，你服不服？」

灰馬只好點點頭，任由馬卒帶下去。

二

自認爲千里馬的驕傲馬，顯然不是眞正的千里馬。失去謙虛爲懷的美德，即使原本可以成爲千里馬的好馬，也永遠無法成爲眞正的千里馬。

這天，馬卒領了一匹毛色青白夾雜的驄馬，名青青。在往審馬堂的通道時，青青煩燥地問：

「喂，你要帶我去那裡呀，小兵？」

「……」馬卒沒有理會青青的詢問。

「喂，喂，你這小兵怎麼回事，我在問你話呀，你聽見了沒有？」

青青停下許久，馬卒見牠不走，不情不願的開口道：

「你這麼沒禮貌，我不想理你。」

「只不過是一名小兵，神氣什麼？哼，我是大名鼎鼎的千里馬，不跟你計較，你不告訴我上那兒去，我就不走，反正我也走累了，剛好在這兒休息。」

「你不是說你是千里馬嗎？怎麼才走這一點點路就累了？不過是驛馬站的短程跑馬而已，卻不知謙虛爲懷，自吹自捧爲千里馬，眞可笑。」

「住口，不要惹火我，小心我對你不客氣。」

「看你，說著說著就生起氣來，我猜你八成是氣死的，像你這樣動不動就生氣的火爆性子，能活得長久才奇怪呢！」

「什麼？我已經死了？那你現在要帶我去馬爺那兒，接受審判囉！」

「是啊，你一定是氣昏了頭，一時糊塗起來，不知道自己在做些什麼。」

青青一聽這話，忽然想起什麼似的飛快的向前奔跑，害馬卒在後面拼命追趕，一邊追還一邊喊：

「等等我呀！等等我。」

青青一口氣跑進審馬堂，馬爺正低頭處理文案，見一匹馬闖入便問：

「何處飛來的狂馬？」

「我是敦煌來的千里馬，叫青青。」

到。

「哦？……」

馬爺尋遍他桌上的文案，可是沒有關於千里馬的資料，正奇怪這匹馬的來歷，馬卒氣喘吁吁的趕到。

「稟馬爺，敦煌跑馬青青帶到。」

「好，你下去，等候差喚。」

「馬爺，你的部下說錯了，應該是敦煌千里馬才對。我跑那麼快來見你，就是急著來向你爭取這件事。像我這樣優秀的千里良馬，主人卻老是叫我跑短程。讓那匹長得比我醜，跑得比我慢的笨馬擔當重任，眞正叫我不服。以致我氣憤而死，你一定得讓我出這一口氣，投胎到肯給我機會的主人家，表現我的才華，發揮我的特長……」

「等等，你說你的特長是什麼？」

「跑得快又遠啊，你忘了我是千里馬？」

「可是根據我手邊資料記錄，你確實可以快跑，跑長遠路途，恐怕有問題。」

「這是什麼話，我既然能跑得快，就一定能跑得遠，你憑什麼懷疑我的能力？」

「憑你的談吐舉止，像你這樣驕傲自大，脾氣火爆的馬，縱使天賦優異，也沒法子有大成就的。」

「你敢說我驕傲！就算我驕傲好了，也是應該的，我確實有値得驕傲的地方。」

「俗話說人外有人，天外有天，何況是馬。當一匹馬，不要氣燄這麼高，要懂得謙遜才實在，驕傲只是浮面的爲自己虛張聲勢，沒有實質的幫助，而且易惹人嫌。」

「我不是來這兒聽你說教的，是要向你求個公道。你只要讓我到識馬的人家去就行，其他的你別管了。」

「你的壞脾氣如果不改的話，眞正識馬的人絕對不敢用你。跑遠程除了要有體力之外，更要有耐力，心平氣和步伐穩健均勻才行。像你這樣心浮氣燥，急疾奔命，貪一時之快，體力很容易耗盡，跑到中途就跑不動了。你跑短程，最合適了，我判你再投胎做那份工作，你有什麼話說嗎？」

青青一改強硬的態度，用緩和懇求的眼神看著馬爺，說：

「我……仍希望有機會讓我表現一下。」

「好吧，看在你的上進心份上，就給你一次機會，如果你不好好把握這次機會，謙虛向上，認眞學習的話，失去了機會，別再來向我抱怨。」

「好。謝謝馬爺，我會好好把握機會的。」

於是馬爺就把青青交由衛兵帶去，投胎到對馬有愛心，又能訓練馬的人家裡。

三

眞正的千里馬即使在困頓的環境中，仍然不懈怠於自身的修練，一旦機會來臨，他的才華立即獲得展現。

在一個小村落裏，有一匹純黑色的馬名叫阿純。他的主人專門收集糞便來賣給農人維生，所以拉糞車的工作便落在阿純身上。阿純很不喜歡這個工作，但爲了報答主人的養育之恩，牠只好忍耐。

阿純每天工作之餘，都要定時做一些自我修練的功課，這些功課花費他大部的心思體力，以致他拉糞車的成績，反而不如牠的哥哥阿駑。

阿駑習慣於依照主人給他安排的生活過日子，他覺得拉糞車只要會「走」就可以了，何必苦修苦練那些不合實際的技藝理想。牠常取笑阿純眞蠢，浪費時間研究怎麼「跑」的方法。

阿純執著於自己的理想。

牠利用休閒時間研究跑的姿勢和方法，將新的方法重覆演練，以便超越原有的技術。從不斷的實驗與練習中，牠得知要如何跑，才能跑得穩健、快速、優雅。

阿純簡稱這套方法爲「跨步跑」——前面兩蹄同時向前跨出，緊接著後面兩腳並時穿越前兩腿。

有一天晚上，主人在睡覺，偷馬賊欲強行將阿駑、阿純牽走。阿駑害怕賊人手上的刀，乖乖的不敢抵抗。阿純最厭惡這種不告自取的劣行。牠奮力抵抗，不肯讓賊人得手。又高聲嘶叫，企圖叫醒主人來救助。賊人恐怕馬主人聽叫聲而驚醒，情急之下，一劍刺進阿純的咽喉，命中要害不久牠就死了。

當馬卒帶阿純到馬爺面前時，牠的咽喉還滴著血，牠純黑色的毛，發出七彩般的亮光。馬爺立即派遣負責醫務的馬來替牠療傷，並給他最舒適的靠墊，讓牠在一個安靜的角落休息片刻。

等到阿純恢復健康，又被帶到馬爺面前，馬爺說：

「阿純，你是匹眞正的千里馬，卻一生都在拉糞車，你心裡不怨嗎？」

「不能說不怨，但，天意如此爲我安排，我想祂一定自有祂的道理。」

「由於你的勤於修練，與英勇抗賊，我判你可以投胎到一個能夠讓你發揮才能的環境去，擔當重要任務，你有什麼意見嗎？」

「馬爺，如果我可以選擇，就讓我當一匹自由自在，閒步於草原上的野馬，沒有任何人情羈絆，適然自處於天地間，悠哉遊哉，我就心滿意足了。」

「很抱歉，阿純，由於你的表現良好，我不能做這樣的判決，否則會攪亂了天庭律令。」

「沒關係，那只是我個人的小小心願，如果的確有大大的困難，那就算了。」

「假設你去擔任要務後，做出更優良的表現，我便有充份的理由，成全你的心願。」

「謝謝你，馬爺。」

於是阿純便被帶去投胎，當一匹受重視的千里馬。

四

經過歷史腳步的推移，到了清末民初，中國一改閉關自守的風氣。東西文化，科學技術交流日盛，戰事連連，大批中國戰馬死於西洋的槍炮之下。

馬爺的工作量激增，手下的馬卒忙著爲受傷的馬包紮傷口。每天來報到的馬不計其數，一匹匹排排躺，等著接受療傷。審馬堂一片血海殷紅。馬爺正忙著祂的事務，有一匹傷口痊癒了，應該被帶去投胎的騍馬過來求見。

牠體赤腹白，名叫忠兒。

忠兒一到馬爺跟前，就（咚）一聲跪了下去。馬爺趕緊去扶牠起來，但是牠不肯起來。

「噎，你這是幹什麼呀！即令我是判官，在馬的國度裡，你知道是不需要跪拜的。你快起來，快起來呀！」

「馬爺，我有事相求，請您成全。」

「你說。」

「我現在不能去投胎，請給我一段時間，等我把未完成的事做完再來報到，接受審判，好嗎？」

「好是好，……不過現在我手邊還沒有你的資料，不知道你爲什麼事要延後去投胎的時間？」

「這事說來話長，等我再來報到時，再向您報告，謝謝您的成全。」

忠兒向馬爺一拜，便急急忙忙的走了。

五

一匹被切割成肉塊的馬，牠的魂魄能安息嗎？

民國三十八年以後，中國正式面臨海峽兩岸對峙的局面。馬爺爲了便利審馬事務，特別設置了一個臺灣區域審判廳，簡稱臺灣廳。

由於經濟起飛，工業發達，科技進步，引發諸如治安問題，社會功利問題，環境污染問題，這些問題也有波及馬的生命安危的，使得臺灣廳的事務繁忙，難理。馬爺天天要面對新的判例，常常頭痛，因而大發牢騷——

以前大批戰馬湧到，頂多替牠們治治湯口，就可以叫牠們再去股胎，現在來了這麼些個「疑難雜症」怪問題一大堆的馬，眞不知道該如何處置牠們的魂魄，苦煞我也……

馬爺牢騷未完，馬卒來報。

「有一匹奇怪的外國馬在外面吵鬧。」

「把牠帶進來。」

這匹馬的肉體被切割成塊狀，牠的身體稍一不愼就要流迸散開，整體看起來眞令人替牠擔心。馬爺叫牠支離馬。由於形狀殘缺，已看不出牠是什麼顏色，但細心看的話仍可約略辨識出牠是雜色的。

「冤枉呀！冤枉。」牠用荒腔走板的洋涇浜華語說。

「你是外國馬，怎麼跑來向中國判官喊冤？」

「不，我不是外國馬，我是中國馬。否則怎麼會說中國話，且認得到這兒來的路？」

「可是我這兒沒有你的資料，請說明一下，爲何事喊冤？」

「我小時候在中國出生，還來不及長大就被賣到國外去。那外國的無恥商人把我養大，養肥，切成一塊一塊充當牛肉，賣到臺灣，使得我的魂魄不得安歇。」

「馬爺聽了眞是氣憤，中國馬這筆帳該記在誰頭上？無疑的，馬爺又遇上了不好解決的難題了。正在思索這支離馬的去處時，馬卒來報——」

「馬爺，外面有一大群說外國話的支離馬聚集。」

馬爺到外頭一看，眞是眼睛都給看花了，這些馬盡是些殘缺不全的支離馬。外國馬應該找外國的馬爺報到，怎集在這兒嚷嚷？

「△○×……儿厂π……」外國話誰也聽不懂，於是請那匹會講中國話的支離馬翻譯，才知道牠們也是不甘被切成肉塊到臺灣，而來喊冤的。

馬爺頭一回遇到這種事，眞不知如何處理。因此便命令馬卒安撫這些支離馬，先帶牠們到一個靜僻之處安養。自己則專程走一趟玉宮，請玉帝定奪。

沒想到玉帝正忙著研擬兩岸關係改善計畫，只丟下一句話——

「我管人的事已經體力透支了，關於馬的事你自己全權處理即可，不要來請示我。」

馬爺回到審判廳，左思右想，終於想出一個法子來。於是找來會翻譯的支離馬，要他傳話給外國支離馬們，請牠們回到自己國家的判官那兒喊冤去。

結果這個法子行不通，外國馬代表向翻譯說，外國不講忠、孝、節、義，或仁義禮智信……等道德，更不懂得愛護動物，誰還指望這種國家的判官來主持正義，我們堅持在這兒等候您的處置。

馬爺基於「馬道」精神，便爲這群支離馬尋得一個僻靜之處安養心靈。

六

爲國家，爲主人英勇犧牲的馬，才配得馬國的最高榮譽勳章。

馬爺擬好增派幹部申請書，準備向玉帝申請增派一些志節高尚的馬，來幫助他處理日漸繁忙的事務。

這時，那匹名叫忠兒的騵馬來了。

「馬爺，謝謝您先前的融通，現在我依約前來接受您的審判。」

「忠兒，你這些時日，都在做些什麼事？」

「守護我的主人，一個雙腿被戰火所廢的老將軍。現在他已經壽終正寢，被神仙接引到他應到的美好世界去，所以我才能放心的來。」

馬爺一翻資料，才知道，忠兒的主人歷經大小無數的戰役。較有名的都記錄起來了。他的勳章多得可以設立歷史陳列館。

在一次危險的戰役中，忠兒馱載著主人逃亡，到一處深淵般的壕溝，後面有外國軍隊的大炮槍彈。忠兒爲了主人安危，奮力跳到對岸，保全主人性命。牠自己卻因多日沒進糧食，用力過猛，又身上多處傷口大量失血、發炎，當場光榮爲國犧牲、爲主盡忠。

忠兒死後不放心主人一個人孤苦，於是向馬爺請求延後審判時日，讓牠的魂魄回去守護主人。等主人壽終正寢才安心來報到。

馬爺看完這些記錄，大受感動，說：

「忠兒，你的事我都知道了，現在你還有什麼未完成的心願沒有？」

「沒有。我能做的及該做的，都做好了。任憑您的判決，我沒有別的請求。」

「好，很好。我現在頒給你馬國最高榮譽勳章，褒揚你的忠、孝、節、義。」

馬卒捧來一枚金質梅花勳章，一枚銀製星形勳章。另有三枚分別是紅寶石、藍寶石、鑽石打造的馬形勳章。由馬爺親自爲忠兒佩掛。全體參加的馬一致向忠兒敬禮，樂隊奏起雄壯高亢的樂曲。

授勳完畢馬爺宣佈：

「忠兒烈士，我們會把您的光榮事跡，記入馬國歷史裡。現在有三個去處供您選擇。一、帶著您的勳章，化爲馬國歷史陳列館的神像之一，供後來的馬魂瞻仰。二、我目前需要幫手，留在我身邊任職當官。三、投胎爲人，當中國的三軍戰士。您可以考慮三天再答覆我。」

忠兒逐一考慮自己的去處。

如果化爲神像供馬魂瞻仰，對這些馬沒有實質的幫助。他們要瞻仰的不應該是我的形貌，而應該是精神，那只要有歷史記錄和圖片即可。

如果在馬爺身旁任職，所能服務的對象僅限於馬魂。

人是馬的主人，如果人的世界能富強安樂，那麼馬的世界也跟著富強安樂，尤其現在中國人的愛國心，存在著普遍隱沒的危機，正需要我去提醒他們。

「對，我要去。」

到了第三天忠兒向馬爺報告牠的決定，牠說：

「我願意到人世間，成爲中國的三軍戰士。」

翌日，在臺灣，有一個嬰孩出生，被取名忠兒。

（本小說曾於八十三年獲得青溪新文藝學會金環獎小說佳作獎）

新生傳奇

一

思前想後，徘徊淡水河數十回，天色漸漸昏暗，小蘭在心裡向丈夫文祥和天恩、天惠兩個孩子道別，也向父母說抱歉之後，一步一步的踩向水深之處，她期待冰冷的河水，可以洗淨她被玷污過的身子，結束她在世上的痛苦，帶她到平靜、沒有逼迫的地方。

河水慢慢淹沒她的全身。她閉上眼睛，極端厭惡自己曾被許多男人當洩慾工具的身軀，讓身子隨著波浪在水中晃動。強忍不能呼吸的痛苦，她想著：「只要撐過這最後的關卡，再也沒有痛苦可以臨到我了。」

忍過溺水痛苦之後，她看到前面一道光門。在即將進入那門之前，做母親的心讓她想起十歲的天惠和八歲的天恩在娘家，不知道吃晚飯了沒有？她想著想著就來到了娘家，看到爸爸、媽媽還在稻田裡幹活，天惠與天恩身體和衣服都髒兮兮的，坐在搖搖晃晃的籐椅上，看著畫面一閃一閃的電視。

天恩的腳和臉被蚊子咬得身上多處紅腫，小蘭想要抱他們時才想起來，自從被地下錢莊請來的強哥和彬哥逼迫到應召站接客後，她還沒有用手碰過孩子們，她怕自己身體的污穢，會污染了孩子。

天恩一邊揉眼睛，一邊跟天惠說：

「姊姊，我好久沒有看到媽媽了，她去哪裡了？我好想媽媽哦。」

「阿嬤說，她去上班賺錢。」

「我好餓，有沒有東西吃？」

天惠和弟弟去電鍋看看還有沒有飯？電鍋還有一點剩飯，天恩用手扒下來吃，但沒吃飽，便開始哭鬧，吵著說：「我要吃漢堡，媽媽，嗚……」。

小蘭看到此情此景，就忙著跟孩子說：「媽在這，媽在這……」，但是孩子們似乎都聽不到、也看不到她，她也沒辦法燒飯給孩子吃。她猛然想起來：「自己是不是已經死了？」當她想起兩個孩子需要照顧，很後悔自己跳河自殺，她強烈的告訴自己說：「我不能死啊！」

二

「我不能死、我不能死！」小蘭喃喃自語，倏地從病床上坐起來，把照顧她的一位女子，從睡夢中驚醒。

「妳終於醒了！」

小蘭想要下床走路，身子一晃動，被身上的呼吸器牽引，又躺回去，感覺胸口一陣劇痛，她發出輕微的呻吟。這位女子連忙幫她請醫生來檢查，醫生表示已無大礙，就幫她拿掉呼吸器，說明胸口的疼痛，是因爲急救時用電擊所引起的，過幾天會自動消除，再觀察一、兩個小時，如果沒有其他病變反應，就可以回家了。

醫生走後，那女子向她自我介紹，說自己姓林，叫美靜，目前在鷹林教會當傳道（基督教會中牧師的助手），也告訴她，獲救的過程。

大致是昨天傍晚，美靜和另一位傳道呂東安到附近傳福音，搭小船渡過淡水河，發現有人溺水，曾經是游泳健將的呂東安立刻跳入河中，把昏迷的小蘭拉到船邊，由船伕和船上乘客，幫忙拉上船，緊急靠岸後，有人幫忙叫救護車，送她到醫院。

在醫院觀察的兩個小時中，美靜極力安撫小蘭，也跟她強調，不管發生什麼事，只要相信耶穌，耶穌愛她，會救她脫離一切的疾苦。

落到此光景，小蘭不相信還有人關心她，但美靜的拯救，讓她很感動，小蘭於是娓娓道出，自從丈夫文祥生意失敗因票據法入獄，由於週轉不靈時曾向地下錢莊借了一千八百萬。後來雖賣了房子，又勉強向親友借貸償還一部份，現在還欠地下錢莊九百萬，所以還是被判了刑。地下錢莊請黑道的弟兄強逼她，在鶯鶯應召站接客還債。

小蘭說，每個月賺的錢也只夠付十萬元利息，難道要我一直過這種出賣身體的日子？眞是生不如死。其實他們的利息很高，我們欠的錢以本金來算也早還完了，主要是強哥和彬哥在後面給他們撐腰，他們才敢這樣，他們手上還握有我先生簽名的五百萬本票，和兩百萬借據。

美靜幫小蘭辦好離開醫院的手續，小蘭非常不願意過天天侍候陌生男人的生活，但是想到孩子還在讀書，總不能爲了逃債東奔西走。當美靜送她回家，即將跟她道別時，她傷心的哭了。她這一哭讓美靜更加走不了。

自從丈夫出事之後，小蘭整個人像跌進死亡的深坑，對許多事都沒有知覺，一切事情只能逆來順受，唯一支持她活著的理由，是對兩個孩子的責任，她這一哭對她來講猶如生命復活的開始，她要把孩子接回身邊，咬牙決定再重新面對她的人生。

三

小蘭外型長得像影星呂倩蓮，所以應召站幫她取花名賽倩蓮。身體康復之後，小蘭又恢復用花名接客的皮肉生涯，這段期間林美靜和呂東安傳道，還有鷹林教會婦女團契的媽媽們時常輪流來探訪她，也幫忙照應她的孩子。但是她從事特種行業的身分，在教會中，除了這兩位傳道，沒有人知道。

因爲大家的關心，小蘭每個星期都到教會作禮拜，也參加教會牧師宋達爾爲準備受洗的初信者開的「慕道班」，每週定時查考聖經。她在聽道時常常受感動而流下眼淚，她本來以爲如果有上帝，那麼上帝一定是不要她了，才會讓她遇到這樣的困難，才會讓她淪落在暗無天日的應召站。

然而，當她看到聖經中也有妓女信耶穌的故事，又經過這段期間，她從教會的弟兄姊妹（註：在基督教會中會友彼此稱呼弟兄姊妹）身上，感受到關心，她知道上帝愛她，就是透過人與人互相關心的方式來愛她。

她有時回想自己的行爲，也會覺得自己做的事，非常不配稱爲耶穌的信徒。耶穌釘十字架，流血受死，成了有罪之人的救贖，這罪人應該也包括她在內，但，當她想起接客時，跟不認識的男人在床上的情景，她就深深的懺悔。

然而，當她想到美靜曾告訴她：「人子來是要拯救罪人，宣告被擄的得釋放。」的經文，心裡就有平安，因爲她的出賣身體，並不是出於自願而是被逼的，她的確是有罪之人，但她也是可以被神拯救的。

尤其她在陪客人做性交易時，不管對方的體型、身高、長相她是否喜歡，她一律把對方幻想成她的丈夫文祥。在做任何性動作時，她都帶著罪惡感痛苦的掙扎著，並在心裡喊著「文祥！文祥！」這樣她才能跟那個男人勉強進行下去，否則，她會因爲自己的不堪而情願立刻死去。

四

半年的「慕道班」課程結束，教會牧師宣布將在復活節時舉行洗禮，準備好受洗的人可以向傳道報名。小蘭認爲自己已經清楚明白聖經的眞理，也已經準備好接受基督教信仰，而且連受洗時要講的見證，都準備好了。

她興沖沖跑去向呂東安傳道報名，呂傳道問她，如果參加洗禮，之後是否仍舊需繼續操持舊業，她點點頭。沒想到呂傳道面有難色，覺得很為難，說：「因為她的情況特殊，要先跟牧師報備，才能接受報名。」

美靜也問過她，是否能找別的工作來維生，但她的問題在還債，不是維生而已，後來美靜乾脆勸她，說：「受洗不用急，希望她在眞理的認識上多下工夫，等基礎穩固些再受洗也不遲。」

呂東安和林美靜對小蘭要受洗的事很熱心，特別去找宋牧師商量，本著基督徒不能說謊的原則，他們將小蘭的困難、及受洗後仍必須出賣肉體還債的情況，告訴宋達爾牧師，請示他能否讓小蘭報名受洗。

宋牧師聽了，表示很同情小蘭的痛苦，但是他強調受洗的意義：「乃是與基督同死、同復活」，上帝赦免我們的罪，可以不計我們以前的過犯，那並不代表我們蒙赦免之後可以繼續犯罪，如果她受洗之後不「更新」生活，仍舊在犯罪之中，那麼受洗，對她有何意義？

東安和美靜聽完牧師的解釋，又看著牧師對他們直搖頭，心裡很難過。他們擔心小蘭從此不會再踏進教會，他們很想幫忙小蘭，又不知如何是好，所以只好為小蘭迫切的禱告。

報名受洗不成，對小蘭是一大打擊，她從此再也沒有勇氣，踏進鷹林教會。

五

失去宗教信仰的支持，小蘭的精神又回到自殺前的沮喪，她幾乎放棄自己，加上這幾天遇到的客人都是頂難纏的。

幾個應召站女郎包括小蘭、牡丹、芙蓉在店裡等生意上門時，她們平常生意好時難得在一起，聊天時說著說著討論起男人的種類。

她們分析，有幾個那種年近七十，已經失去男性雄風，又不甘寂寞，想要抓住青春的尾巴，證明自己還行的中老年人。他們的性器半軟不硬，與他們辦事可用「拖拖拉拉」四個字形容，是「老不修型」的客人，小蘭再怎麼努力都沒有辦法，將這類客人跟英俊的丈夫幻想在一塊，實在感覺非常不舒服，卻讓她覺得做這一行有如「慈善事業」。

這段時間的經驗，讓小蘭懂將所接的客人分成「老不修型」、「速戰速決型」、「貪小便宜型」和「報復女友型」等類別，而依照類別應付他們。

速戰速決型的主要是發洩生理需要，通常是生意人和讀書不多的人，這類人比較豪爽乾脆又不找麻煩，她比較喜歡這類客人，這類客人發洩完畢，拍拍屁股就走了，各取所需。

貪小便宜型的多半是公務員、學者和中老年人比較多，他們通常讀過一些書，但個性比較「龜毛」（臺語指囉唆），有一股窮酸氣。一會兒要求這種姿勢，一會要求那種姿勢，生怕花的錢值不回票價，有時還會涉及隱私追根究底地問東問西，這是她最不喜歡的。她爲了保護自己和家人，也早就準備一套「丈夫生病」的謊言搪塞，而不會將眞實的情況說出。

報復女友型的則年輕人比較多，他們通常個性較不成熟，因為跟女朋友嘔氣，而故意用跟別的女人發生肉體關係，來發洩他們對女友的不滿。其實，心裡還是很愛著對方，在達到性高潮時，嘴裡還叫著女友的名字。這類人也不乏失戀者，想在她們身上找尋前女友影子。

此外還有「流氓白玩型」、「變態暴力型」、「酒醉發瘋型」和「染病傳染型」等都是小蘭一想到就恐懼，「同事」們天天祈禱上蒼保佑，希望不要遇到這類型的男人，因為一旦遇到一次這類型的惡棍、無賴，就苦不堪言。

六

小蘭的「工作」並不順利，因受市政府掃黑、掃黃影響，鶯鶯應召站也被查得很緊，幾位「同事」小姐們為了躲避警察，每天很辛苦的東躲西藏，她的「同事」小艷秋昨天不慎被捕到警局，多虧老闆想辦法找人去保她出來，聽說因此在警察局留下「非法從事色情交易」的前科記錄。

小艷秋的遭遇讓小蘭很害怕，她擔心萬一自己也被抓了，留下不名譽的記錄，以後孩子們長大，如果做的工作需要做身家調查，到時候孩子會不會恨她，瞧不起她。正好最近有一位歐吉桑客人很喜歡她，曾表明可以幫她還債，但是條件是她必須長期當他的地下情婦。

可是，這位歐吉桑挺著個啤酒肚，頭上沒有多少頭髮，卻抹著厚厚的髮油，外型很老氣，他遠遠走過來，就好像鄰居的阿公，他的床上工夫屬於「老不修型」的，更令小蘭害怕。

小蘭無意間從鏡子中看到正在聊天的牡丹、芙蓉，她看到她倆兩腳叉開、翹二郎腿，坐相很難看，舉止粗魯的兩個妓女，和受到驚嚇後目瞪口呆的自己。她看到自己的外型，懷疑已經沾染上了風塵味，讓人一看就知道是幹那行的樣子。

其實每天她出門上班時，都刻意穿得很樸素，到應召站後再換衣服和化妝，當她發現自己和牡丹、芙蓉幾乎沒有兩樣時，她很恐慌「我這個樣子，文祥三年後出獄還會愛我嗎？我不要永遠這樣下去。」

這時，有幾個被客人灌醉酒的「同事」，被送回來，忙亂中，小艷秋右手揑著流滿鮮血的左手腕，大聲喊叫：「我流了不少血，快送我到醫院。」

原來小艷秋被保出來後，回到應召站附近的住處，正好撞見她「倒貼」的男友以爲她被關在警局，帶了別的女人，在她的床上相好。她氣不過就跟她的男友大吵一架，男友掉頭走了，她想不開就自殺。但是，割腕後忍不住痛，只好跑來求救。

小蘭看到妓女們不正常的生活，她實在不喜歡這種環境，也深刻體認自己必須認眞盤算未來的生活，除非有人可幫她解決債務，否則，她有什麼本事，可以養活自己跟孩子？

七

小艷秋的遭遇讓小蘭好幾天不想上班，應召站的人打好幾次電話，她則騙說因生理期不能上班。爲了轉換工作，小蘭回想自己在讀家政專科學校時，學過做點心，或許以後可以賣早點，做包子、饅頭維生。

這幾天接到文祥的信，說監獄生活很苦，希望她多寄些錢去，日子會好過些。小蘭接到這樣的信很嘔氣。想當年家境並不寬裕的情況下，爸媽辛苦的供她讀家政學校，就是希望她具備女人持家的本事，嫁個可靠的好人家。

認識文祥時他是貿易公司副理，後來自己成立公司。他有像鷹一樣敏銳的雙眼和美人尖，讓小蘭很想多看他幾眼。對小蘭說話的聲音，流露出對她的渴望與深情。在帶她出遊時，一定會下車幫她開車門；每當道別時，還會用牙齒輕輕咬她的手指，顯示依依不捨的感情。

小蘭幾乎是靠回憶當年她與文祥戀愛時的甜蜜過日子的，他倆時常在下班後，趁著太陽還沒下山時，相約在文祥臺南老家附近的青年路上，一家有外國情調小教堂建築的臺南神學院相見，散步累了，就到老師宿舍旁的籃球場樹下，臨風而坐，有時還可聽到音樂系教室傳出來的優美聖樂。

太陽下山後，文祥喜歡帶小蘭到附近一家西餐廳二樓雅座用餐，他倆都愛吃那裡的鐵板意麵。餐廳的光線柔和、氣氛浪漫，他倆總是選擇靠窗的位置，方便向外看街景。

餐桌上有一盞傘狀的三段觸摸式檯燈，每觸摸燈罩一次，就會產生大燈、小燈、關燈的效果。他倆第一次到這家餐廳時，文祥就牽著她的手去觸摸那盞燈的燈罩，說：「妳看，摸一下燈就亮了；再摸一下，變小燈；再摸就關掉；又摸就又亮了。跟我家的一模一樣，發現了沒？」

文祥喜歡玩那盞燈，小蘭喜歡看他玩燈。

她清楚的記得，當文祥第一次抓著她的手去摸燈罩時，燈亮起來那一瞬，小蘭的每一個細胞，像被文祥的溫柔整個擁抱住一樣，當光照在文祥孩子般微笑的臉上，讓他的美人尖更加好看，小蘭覺得此時整個人都要酥軟在他懷裡，這是她從來沒有過的經驗。

諸多男性溫柔的呵護，讓小蘭在衆多追求者中選擇了文祥，結婚後他倆搬到臺北，小蘭從來不過問公司的事，專心陶醉在當家庭主婦的快樂。沒想到這幾年經濟不景氣，文祥的公司說倒就倒，婆家親友不聞不問，落得替他背鉅額的債務。

當孩子每次問爸爸的去向時，她總是以白色的謊言，騙說他在國外開拓海外市場，要那邊穩固了才能回來。這樣的謊言，只騙得過年紀較小的天恩，幾次監獄的來信，天惠已經知道爸爸被關的事。

孩子們也問到媽媽最近爲何不去教會了？並且告訴她，美靜和東安，來家裡找過媽媽好幾次，還問候媽媽的狀況。

想念文祥，讓小蘭在艱苦的景況中有一絲安慰和盼望，但並不能解決小蘭面臨的現實問題，市政府掃黑、掃黃，讓小蘭接客的生意大受影響，強哥和彬哥又來了好幾次，如果要不到錢就斥罵、恐嚇和責打。

小蘭覺得活著好累、好累。脫離苦海似乎遙遙無期，此時，她好希望有人可以幫她。

八

應召站每週五領薪水，每到這天小蘭就會看到牡丹的賭鬼丈夫出現在應召站，來領牡丹應得的錢，她今天領的錢則是要寄給關在獄中的丈夫，當她看到牡丹的錢被拿走，覺得自己和牡丹一樣悲哀。

中午接了一個「玩夠本」的顧客，她猜想這色鬼一定是吃了藥，前前後後居然持續折騰了她兩小時，即使加倍收費，她還是覺得很痛苦，到現在下體疼痛不說，兩腿痠軟，站都站不穩，整個人好像被掏空了一樣。她在應召站休息了一下，原本想早點回家休息，無奈老闆說有一個客人急著要小姐，而應召站只剩她一位小姐，她勉爲其難的到客戶住的飯店。拖著疲憊的身體，因爲想做完這個客人後直接回家休息，就把剛發的兩萬三千元薪水也帶在身上。

誰知道一進房門就被一隻尖刀頂住脖子，小蘭虛弱的身體幾乎暈倒在地，心想：「今天眞倒楣，遇到流氓。」只好忍氣吞聲，任由歹徒粗暴的押她倒在床上，在她幾乎破皮流血的下體爲所欲爲逞其獸慾。

歹徒每進入她身體一次，她就忍耐灼熱的刺痛一次，她再一次下決心，與其這樣被踐踏的活著，還不如死了。

歹徒強暴她後，把她身上值錢的手飾和薪水都搶走，留下虛脫的小蘭，因爲是應召女郎的身分，也不敢報警，只好先攔了計程車回應召站報備，順便借一些錢回家。

小蘭今天心情痛苦極了，她想，當一個應召女郎，何時會遇到流氓歹徒，沒有人知道，她不想再流連苟且偷生，痛下決心再度自殺，在她看來儘早結束生命就是最大的幸福。

九

應召女的生活簡直如在地獄，小蘭已經到了撐不住的時候了，於是做好再度尋死的安排。小蘭有計劃的把賺到的錢藏起來，不準備還債，累積了十五萬，拿回去給娘家父母，並將孩子和孩子用的東西也都帶到娘家。父母老了，但還有一點田，孩子跟著他們是苦一點，但至少可以活得清白。

父母看到她拿那麼多錢回家，又知道她欠人家錢，所以執意不肯收，她只好偷偷地存到父親的戶頭。回住處後到好幾家醫院、西藥房，騙說睡不好，買了安眠藥儲存。

這天小蘭又去應召站上班，做到晚上做了四個客人，當她到第五個客人的別墅時，一開門看到很多奇奇怪怪的裝潢，心裡有不祥之兆，本想拔腿就跑，卻已經被一個留長髮的男人一把抓住，綁在一張特製的鐵床。光看那人的眼神，就覺得那人像個變態狂，像個惡魔。

小蘭大叫：「不要，你這惡魔、變態。」

變態狂將她脫光衣服，兩腿掰開，鞭打一陣又撫弄一陣。他強迫小蘭做口交，和模仿多種不同體位的獸交姿勢，當他插入她身體裡時，因爲他的生殖器入珠，使得小蘭發出極大痛苦的嘶喊，小蘭的喊叫愈大聲，那變態狂露出愈爽快的邪惡表情。

經過這一次慘痛的遭遇後，小蘭更加堅定計劃中的二次自殺，回到住處後把所有累積的安眠藥都用水吞下。

十

自從小蘭不再到教會參加禮拜，美靜和東安心裡很難過，小蘭是他們從河裡救起來的，如果讓她仍陷在困境中，他們內心總感到不安。

前兩天美靜探訪小蘭時知道她情緒低潮，說一些想自殺的人才會說的話，美靜不放心，這兩天密集去探訪小蘭，想瞭解她的近況，但敲了門沒有人應，又從窗戶看到桌上散放了一些像安眠藥的罐子，於是找來房東開門。

小蘭昏睡在床上全身是傷，很狼狽。美靜緊急叫救護車送醫院，醫生在替小蘭急救時，美靜有很深的反省與懺悔。

她把小蘭的二度自殺，歸咎於自己替她禱告得不夠迫切，也自責對她的關心還不夠，在小蘭需要人幫助時，美靜認爲如果自己不竭力幫助的話，就是見死不救，不配稱爲基督門徒。這時宋爾達牧師、呂東安和教會的義工媽媽們都到醫院爲小蘭禱告，終於從鬼門關搶回小蘭的命。

再次救活小蘭，美靜把她安置在自己的宿舍，深怕自己一離開小蘭，又會有不幸的事發生。她爲小蘭禁食禱告，求上帝爲小蘭的人生開路，也安排幾位熱心的教會義工媽媽和自己輪班，日夜陪伴小蘭，直到她穩定情緒爲止。

十一

有一天，鷹林教會禮拜時來了一群客人，是新生教會十幾個「更生人」（曾犯罪後來洗心革面的人）組成的合唱團，由牧師邱三益帶隊唱詩歌作見證。邱牧師也作見證，述說他年輕時曾在黑道打滾人稱「阿益大仔」（註：臺語阿益大哥），曾當到大哥級的黑道首領，後來在監獄悔改信主，出獄後去讀神學院的過程。

當阿益做完見證，東安與美靜同時靈機一動，在會後不約而同的去找阿益，問他有關地下錢莊逼債，和逼良家婦女從娼的問題。他們從阿益的談話中得知，他確實在黑道中打滾多年，知道不少一般牧師所不知道的門道，也許可以幫小蘭也說不定。

於是美靜和東安積極游說小蘭到新生教會聚會作禮拜。起先小蘭不肯，因爲宋達爾牧師拒絕她報名洗禮的陰影還在。她甚至還跟美靜商量，爲了脫離痛苦的皮肉生涯，她說不定會「改行」當歐吉桑的情婦。

美靜聽了連忙說萬萬不可，那是陷入另一種罪中。此後美靜一而再，再而三的密集來看她，也多次帶邱牧師的講道錄音帶給她聽。

小蘭從錄音帶中瞭解阿益牧師的確是曾從黑道中走過來的人，又不好意思多次拒絕美靜好心好意的邀請，所以就抱著姑且一試的想法到新生教會。

去過幾次新生教會後，小蘭也覺得阿益牧師是可信任的，就利用會後教友都散去之後，對他將自己的事全盤托出，請求阿益幫忙。阿益雖答應幫忙解決，卻要小蘭給他一段時間準備。

十二

五天之後，阿益帶著一筆不算多的錢和小蘭自殺時醫院急診的證明，陪小蘭去找爲地下錢莊追討債務的黑道。強哥和彬哥一看到阿益都大爲驚訝，因爲阿益當大哥時，他們倆個都還是小弟，他們很謹慎，說：

「阿益大仔，您不是洗手當牧師去了嗎？難道又復出江湖了？」

阿益用老大的口氣對他們說：

「我沒有復出，小蘭是我教會的會友，她的事就是我的事。你們明知道她是手無搏雞之力的女人，也知道向人借錢的是她先生，不是她的錯，現在她先生入了獄，你們居然向一個沒有謀生能力的女人逼債，在江湖上的人，不是頂重義氣的嗎？好意思去逼一個女人替丈夫背因爲高利貸欠下的債？」

阿益拿出醫院證明單給他們看。

「看，她已經自殺兩次，幸好被教會的人救回來了，如果哪天她眞的被你們逼死了，你們良心能安嗎？」

說完話後，阿益替小蘭還那一筆錢，強哥和彬哥接下那一筆象徵性的還款之後，目送他們出門，從此再也沒有人去找小蘭要債。

小蘭脫離了出賣皮肉的生活不久，如願的在新生教會接受阿益牧師的洗禮。

二姐，不要哭

當我們跟著護士，把阿德送入血癌隔離病房時，二姐啊！我知道妳整顆心都碎了。你就只有這麼一個兒子，好不容易把他養大到國小六年級，其中經歷多少艱辛，而上帝卻允許癌細胞在阿德的血液裡橫行，腐蝕他稚嫩的身體。也攻擊原本就已歷盡滄桑的妳。

不要責怪上帝對妳不公平，要相信神讓妳受這些苦，爲的是要妳明白祂的律例。

也許是因爲還不自知，即使身上烏青，血斑處處，阿德臉上的寧靜，更加深妳的痛楚焦急。孩子只知道自己病了，可不知道這是一種致命的病啊！妳千萬不要在他面前哭泣，那只會增加他的恐慌。

哭吧！但請妳在病房外。

上帝是不是會把父母的罪降在子女身上？妳恐懼不安地問我，然後開始向我懺悔，說一些隱藏在你內心深處，而我未得知，也不敢相信的事。但，請勿相信撒旦對妳罪的控告。

妳說，從小，爸爸、媽媽最疼我，因爲我乖巧聽話，會取悅父母得其歡心。而妳總是與父親作對，父親說東，妳就偏往西。他越不喜歡妳做的事，妳越喜歡去做。

有一次，父親又罵妳，妳氣不過，就拿才兩、三歲坐在長板凳上的我出氣，搖動凳子讓我跌下來，痛得哇哇大哭，讓父親更加的生氣。

噢！二姐，我不相信妳所說這件小時候的事會是眞的。這樣的二姐，不是我心目中處處維護我，總是願意支持我、照顧我的二姐啊！

或許我眞的比較單純，父親也常對我說，小時候姊姊們如果想要得到什麼吃的、用的，直接向父親要求只會惹來一頓訓話。所以，二姐，妳就會「騙」我去跟父親說，我要吃什麼、用什麼，其實並不是我要的。但是，只要我開口要了，父親很快就會給我。到了我手上，當然就被妳們拿走了。

或許我小時候就是這麼笨，不會爲自己爭取些東西。其實我一直以爲，人眞正需要的東西，實在很少很少，少到只需要有上帝賜的氣息，就得以存活，爲什麼一定要爭呢？

如果去爭就是聰明，我想我這一輩子，永遠也學不會如何做個聰明人了。

爲了讓妳暫時忘記愛子患了血癌的痛苦，我讓妳暢所欲言。妳卻提起一些我早已遺忘，而且認爲不足掛齒的事。

妳說，在我高中畢業，北上求職時，暫住妳與二姐夫賃居的小房子。我要出門應徵工作，妳叫我穿妳最喜歡的一件牛仔褲去，看起來比較體面。我拒絕了，妳說我告訴妳，我所以不穿，是深知妳實在喜歡那條褲子，如果穿壞了，會對不起妳。

當時妳聽我不穿那條牛仔褲的理由之後，就知道我是善良的，決定要終身支持我，維護我。

眞的，我一點也不記得，我們曾經有過這樣的牛仔褲事件。只是依稀想起，我們的確曾經患難與共。

在那段日子裡，我們曾一起賣過自助餐，賣過路邊攤水果。我那時運氣不好，只要錄用我去上班的公司，過不久一定關門倒店，其中還有一位老闆出車禍身亡。我的「煞氣」重到這種程度，也只能無語問蒼天了。

阿德是個比我們都苦命的孩子，曾經有一個好賭成性、不負責任的爸爸。在那段艱困的日子，只要妳與姐夫一吵架，妳就把阿德送到我租處或上班的地方。三、四歲，正是他精力旺盛的年歲，就像一匹脫韁的野馬。到現在爲止，我跟妳一樣，不能接受阿德患有血癌的事實。只是，天命如此，我們又能奈何？

聽過很多在教堂作見證的教友說過：「人的盡頭，就是神的開頭」。老子也說過「禍兮福所倚，福兮禍所伏，孰知其極其無止。」如果阿德的血癌，能夠讓妳重新思考人生方向，使妳願意放棄以往對財富、物慾的追求，那麼福與禍就很難定了。

好幾次妳對我說，妳永遠也不會原諒姐夫。妳把我搬出妳們家之後不久，我即賭氣嫁給一個年紀比爸爸還大的人，妳將此事歸罪於姐夫。妳認爲那天我與姐夫吵架，怪他不好好照顧妳們母子，之後生氣搬走的事完全是姐夫不對，害得我嫁給一個老頭子。妳說，妳爲這件事要恨他一輩子。

止息妳對姐夫的恨吧！　個人一旦心裡有了恨，第一個傷害到的就是自己，因爲凡事都有神的旨意。

妳一直不明瞭，爲什麼我會忽然嫁給一個老先生。其實跟姐夫一點關係也沒有，妳千萬不要歸罪於他。我一直不告訴妳，其實我心裡也有許多秘密。而這些秘密，才是這段婚姻的原因。

早在我讀高中的時候，就已經和那個被我恨過的C君，陷入愛河。我想這輩子是跟定他了。我在臺南唸書，他在臺北工作。我們天南地北兩地相思，眞是苦戀啊……所以等我高中一畢業，表面上是到臺北來謀職，事實上我是爲他而來的。

本想等時機成熟，就把他介紹給我家人。誰知……到了臺北，他總是不肯帶我到他家，見他父母。我很疑惑，偷偷跟蹤他。才發現，天啊！他居然有家有室，娶了太太還生了一個女兒。當時，我傷心欲絕。他一直跟我說對不起。然而，已付出的感情，豈是「對不起」三個字所能收回？他說他會對我很好，只是希望我不要「爭」。他不可能與太太離婚來娶我，但這並不代表，他不會照顧我。他懇求我，不要離開他，因爲他從第一眼見到我，就知道我是他的，他不會放過我。如果我離開他，他人生就毫無意義。

我受騙上當，又在氣頭上，恨死他了。我決定要讓他後悔一輩子，所以就發誓，要馬上把自己嫁出去。我當時氣昏了頭，一點也沒有想到我的任性妄爲，讓父母及家人爲此感到痛苦萬分。

結婚第一天，我得到他亡故的消息。死於直腸癌。我當時一廂情願的以爲，他不是癌細胞致命，而是因我這個情人離他而去。我自我安慰的說：「只有我知道，癌細胞不是殺手。」另一方面卻又自我不安的以爲，我才是眞正的殺手。殺了他，也等於殺了我自己。

我的苦難，並未因他的死而結束，卻彷彿從一個陷阱掉入另一個陷阱。我嫁的人，雖然老、醜，但我相信，他會很仁慈，不會虧待我。他很誠實地說：他離過婚，有子女。但我都不介意。就算他是人家不要的「二手貨」，只要他不欺騙我，對我有情有義，又有什麼關係？我拒絕再受騙了。我的要求很低，只要不騙我，對我很忠實。

我希望不受騙，卻入了更大的騙局。他與前妻雖然在法律上是離婚了，在情感上卻等於沒離。他讓她自由進出家門，表面上是照顧子女，實際上呢？誰知道他們心裏是怎麼想的？我在家裡，連一個小老婆的地位都不如呀！我的心眞苦！我已走到人生的盡頭了。

我的受騙史，回想起來與阿德的血癌一樣可怕。但，我走過來了，並且因爲這受迫害的歷程，而得以更加尋求神、親近神。

我努力奮發、繼續求學，半工半讀取得大學學歷，在工作上求表現，追尋上帝的旨意。相信上帝讓我經過那段幾乎讓我尋死覓活的「受騙歷程」，必有祂的教訓與美意。

《荒漠甘泉》說：「如果你是在主裡面的，你就是被主包圍著，如同被空氣包圍著一般，不論什麼災禍，必須先經過祂，然後才能臨到你們身上來。每一件臨到你們身上的事情，都是值得感謝讚美的。願神叫我們的生活充滿感謝讚美的聲浪！」

如今，我的情況已經不像以前那麼差了，頗受老闆器重，賺了一些錢足以維生。我靠耶穌，從以往的「受騙史」中活過來。

要花多少醫藥費，我都可以支持妳，希望妳陪著阿德，勇敢的與癌細胞對抗。其實在我不斷受騙的那段日子，我還眞希望自己得了癌症，趕快死去，也比活著還強。所幸，那些都已經成爲過去。

許多事都會過去，痛苦的、歡悅的、驚悸的、怨恨的，都不必殘留在我們的記憶中。阿德的血癌也將成爲過去，只是在妳面前，還有一段艱苦的路要走。

希望妳不用再哭了，血癌病房裡，也有其他同病相憐的人，她們家人的淚，恐怕早已哭乾了。眼看著阿德的頭髮由多變少，妳心裡很難過，我實在不知道應該如何安慰悲慟的妳。只是我必須讓你知道，我會時常在妳身旁。全能的神，也會賜下聖靈保惠師眷顧保守妳。

的確，「似乎妳的遭遇是頂煩惱、頂嚴重，妳也不懂得爲什麼神要如此待你，但神的處理絕沒有錯誤。不久你就會看見祂的美意。」荒漠甘泉這麼說。

（本小說於八十六年八月二十日基督教論壇報一六三八期發表）

奉獻的愛

到超市打工已有一段時間了，每週四下午總有一位老太太，在我當班的時間前來購買成人紙尿褲、溼巾……等病人需用品。

有一天，我都快下班了，還不見那位老太太，心想她今天大概不來了。正在與同事交班時，她來了，而且腳步沈重，精神不濟，似乎是病了。她照例買了她要買的東西之後，因為身子虛弱，實在提不動。她看到我已經下班了，就對我說：「年輕人，你想不想再賺點外快，幫我把這些東西送到××醫院，陪我一起去分送到病房給需要的人。我按照你們店裡的工資，算錢給你，好嗎？」

突然間接到這樣的請求，我很好奇的就答應下來，並對這位老太太的做法，感到有很多不明白的地方。就趁著搭計程車同往醫院的路上，向她詢問，才知道這位老太太的先生姓王，她說我可以喊她王奶奶。我問她：

「王奶奶，您每次買那麼多紙尿褲什麼的，是不是家裡有人住院？還有您說要分送給病房裡需要的人，我看您身體也不好，為什麼還要這樣作？」

經我這麼一問，才知曉，王奶奶之所以會這樣作，原來背後有一段故事。王奶奶說——

三年以前，我先生中風住院。我的兒子、女兒有的在美國，有的移民到加拿大，沒有能長期在這兒看護。我一個老太婆忙進忙出，身體也支持不住。後來老伴病情嚴重時，我那些兒女勸我花錢請人看護。請了看護以後，我是比較輕鬆了，可是心情仍然很不好，每次看到老伴那個樣子，要說話不能說，要走路不能走，吃東西也不能好好的吃，身上又插了那麼多管子，心裡就很難過。錢花了不知道有多少，還要受這些罪，眞苦啊！

幸好，後來政府實施全民健保，我們的經濟負擔，可以大大減輕。

可是我們花錢請的看護，常常做不久。因爲我先生以前在公司上班時，是當主管的，脾氣不好。看護給他抽痰，翻身擦洗，餵他吃飯，他動不動就生氣，故意打翻東西，而且還會發出像在罵人的聲音。看護的工作本來就不好做，還要被罵，當然沒有人願意做。

老伴都已經病了，脾氣還是不改，他受罪，我更受罪。當我不知道該怎麼辦時，有兩位自稱是慈善團體的義工，都是太太了。她們除了送紙尿褲給我先生，還爲他的病向她們的上帝禱告，陪我聊天幫我一起替我先生翻身擦洗。只要有空她們就到醫院，爲這些中風病人的家屬服務。我心裡眞是感激她們，但，不知道怎麼謝謝她們。

每次我想送她們禮物，她們都不肯收，說：那些紙尿褲都是善心人士捐款買的，並不全是她們花錢買的，如果我以後有能力，能幫助需要幫助的人，就是對她們最好的感謝。

聽她們這樣講，我覺得也很有道理。前年我先生去世，我休息了一段時間，等身體好一點，就學她們，買一些病人用得上的東西，去醫院送給需要的人。我兒子女兒固定會寄錢給我，每次接到他們寄給我的生活費，我就去買去送。只是我身體愈來愈不好，老囉！

年輕人，如果您有時間，以後你就在我去醫院時，陪我一起去，好嗎？我工資照算給你。

這……。

聽了王奶奶的話，我很受感動，雖然花時間陪一位老太太，聽她滔滔不絕的說一大堆事，並不是件愉快的事，不過她的愛心，與回饋感恩的服務熱忱，是令人敬佩的。所以，我還是決定答應她的請求。

到了醫院，我跟在王奶奶的背後，看她分贈紙尿褲給中風的病患，與病患家屬談話。以「過來人」的經驗，安慰那些在患難中的病患及其家屬。其中有一位剛入院不久的太太，因爲心裡很苦，而抱著王奶奶痛哭不已。哭了一陣子，心情似乎開朗多了。也有病情有改善的病患，看到王奶奶，就跑過來向她報喜訊，說他們不久就要出院，並且謝謝王奶奶對他們的關心。王奶奶聽了，很感欣慰的恭賀他們。

看了王奶奶欣慰的微笑，我倏然明瞭，何以王奶奶自己的身體並不算是很強健，仍要出來服務這些人。

結束這一次的醫院之行，王奶奶問我：「你在那家店打工，一個小時拿多少錢工資？我現在算給你，我們一起出來三個小時不到，算三小時好了。」

當她拿出錢包時，我的良心覺醒，就對王奶奶說：「王奶奶，您不用付我錢了，我很高興有機會，從您身上學到幫助人的快樂，以後有時間，我還會陪您到醫院來的。」王奶奶拿著錢要塞給我，我已帶著我覺醒的心，踏上回家的路。

（本文於八十五年三月十日獲臺灣省文藝作家協會徵文得獎）

禁食

有一位患血癌的小朋友，常常對我說：「我覺得自己的身體比例不對，怪怪的。」沒錯，他是因爲服用抗癌藥物，臉部明顯腫大，任何有視覺的人都可輕易看出，他的確身體的比例不對。

即使如此，我仍安慰他，說，這種情形只是暫時的，你一定可以回到原來的「帥哥」模樣。

被誤認為孕婦

曾經，我也有身體比例不對的困擾。其實與其說比例不對，不如說放縱食慾、疏於鍛鍊身體，導致肥胖。有次經過菜市場時，賣孕婦裝的小販向我兜售孕婦裝；搭上公車，好心的女學生讓位子給我坐。明明是年輕人又未懷孕，卻常常被誤認爲孕婦，這使我又糗又窘。

到最後痛定思痛，仔細思量肥胖的原因，食慾並不是最主要的因素，而是另有「兇手」——我的內心深處，不知怎地，也許是缺乏安全感，總有一種不飽足感，吃了再多的食物，仍覺得沒有飽足感。愈想用食物塡滿自己，整個人愈覺得虛空，也就愈飢餓，愈飢餓也就愈想再多吃點，如此惡性循環，使得我的體重，直線上升，從四十八公斤升到六十公斤。這對身高只有一四九．五公分的我而言，當然是比例不對，也難怪會老被誤認爲是孕婦了。

決定要禁食禱告

有一天，聽牧師在講台上講禁食的功效。在聖經約珥書第二章28—29節，神說：「以後，我要將我的靈澆灌凡有血氣的。你們的兒女要說預言，你們的老年人要作異夢，少年人要見異象。在那些日子，我要將我的靈澆灌我的僕人和使女。」這是神應許賜下聖靈的美好承諾，但這個應許要實現，有一個前提，那就是12—13節講的：「耶和華說：『雖然如此，你們應當禁食、哭泣、悲哀、一心歸向我。』你們要撕裂心腸，不撕裂衣服、歸向耶和華你們的上帝。因爲……。」及15節：「你們要在錫安吹角，分定禁食的日子，宣告嚴肅聚會。」總之，就是要悔改認罪誠心禁食禱告，並聚會禁食自潔，如此，才能領受後來的聖潔澆灌。當然，我並不是說不禁食就不屬靈。只是發現禁食是一種聖經上曾經教導我們的方法，爲什麼不去實行呢？

從決定要禁食禱告，到眞正去實行，其實有一段相當需要克服的距離。

受不了飢腸轆轆

一開始，我常常受飢餓感的攻擊，感到「立志行善（禁食）由得我，行出來由不得我。」的無力感。

可是有天半夜，我睡不安穩，夢到極端痛苦之事，從夢中哭醒。起身坐到書桌前，看到書桌的玻璃墊下，有一小條血紅色的蟲，正蠕動身軀，它的軀體有三分之一尚在未脫盡的卵泡中。帶著卵泡，它前後左右努力蠕動，似在尋找一條可以解脫的生路。

我不知這小蟲子的名字，卻從它身上看到生存的辛苦，即使是一條小蟲，也有屬於它的重擔與困境。世界上何人不像那條小蟲，有著一些擺脫不掉的重擔與困難？即使是達官貴人也不能豁免。想到這裏我翻閱傳道書一章13節：「我專心用智慧尋求查究天下所作的一切事，乃知上帝叫世人所經練的，是極重的勞苦。」在我內心有深深的感動，靠我自己，只能片面的解決，或克服某些我所面臨的問題，唯有靠神，才能超越這些問題，而不使自己被埋入極重的、勞苦的、痛苦的深淵之中。也唯有仰望神，求神光照我，靈裏才不會再空虛。

向神求恩賜

於是我開始向神求，求神賜我有禁食的恩賜，我要用禁食禱告的方法自潔以求每日更加與主接近。神應允我了，因祂是聽禱告的神，在我痛哭禱告祈求時「耶和華靠近傷心的人，拯救靈性痛悔的人。」（詩篇卅四篇18節）我的痛苦除了來自某些難以啓齒的心情之外，更是由內心深處的沒有完全仰望信靠神而引起的。

因著持續禱告，我每日晚間一餐禁食，再也不被飢餓感所限制。因爲經上說：「如果上帝的靈住在你們心裏，你們就不屬肉體，乃屬聖靈了。人若沒有基督的靈，就不是屬基督的。基督若在你們心裏，身體就因罪而死，心靈卻因義而活。」（羅馬書八章9—10節）

當衆人因我的體重三個月內，由六十公斤降到四十九公斤，身材明顯回復青春，咸認是可喜可賀之事。只有我知道，那並不是最重要的，最重要的是，我已然屬基督了，不再顧念屬肉體的事，我在靈裏有了自由。已然準備好自己，隨時等候希望蒙主恩召，回到主的寶座旁見主面。只是這恩召未降臨（好希望那日快來），因爲我還有許多該做的工沒有做，否則我那死了的肉體又有何用？

羅馬書八章11節：「然而，叫耶穌從死裏復活的靈若住在你們心裏，那叫基督耶穌從死裏復活的，也必藉著住在你們心裏的聖靈，使你們必死的身體又活過來。」

活與死的關鍵，全在聖靈及神的話語。

馬太福音六章16節：「你們禁食的時候，不可像那假冒爲善的人，臉上帶著愁容；因爲他們把臉弄得難看，故意叫人看出他們是在禁食。」

多經試煉享瘦身

當然，我謹守此訓，沒有被他人發現我禁食的事。只是克服了自我內在的問題，之後接著而來的是如何面對親友的質疑與「關心」。

禁食以來，首先最無法面對的是我在地上的父，那一年過陰曆年的年夜飯，我照例禁食，引來家父的不悅，說：「你這不是跟和尚一樣嗎？想要作『仙』？」更令我不忍的是家母的擔心，她怕我年夜飯不吃，來年將會沒飯吃。（這是世俗的誤認）我總是很婉轉向他們解釋禁食對我的重要，希望他們諒解。後來，我實在抵擋不過他們的責難。只好用迂迴戰術，趁混亂之際，說出白色的謊言，表示我已經吃過了。或者在用餐時間積極做一些煮飯或服務家人的事，讓自己「忙」得不能馬上去吃，就避開了。

父親雖然仍有微詞，兩三年下來卻也漸漸接受此一事實，有時候還會幫著向不知情者，解釋他女兒的此一慣例。母親則以爲我是愛漂亮，想保持身材，也不再逼我一定要吃，這才讓我鬆了一口氣，能不受干擾的繼續我的禁食禱告的自潔生活。

行神旨意是目的

在約翰福音四章31—34節，當有門徒拿東西請耶穌吃時，「門徒對耶穌說：『拉比，請喫。』耶穌說：『我有食物喫，是你們所不知道的。』門徒就彼此對問，說：『莫非有人拿甚麼給他吃嗎？』耶穌說：『我的食物就是遵行差我來者的旨意，作成他的工。』」

基督徒的最佳精神食糧，就是遵行上帝的旨意，做成祂交付給我們的工作。

聖經中曾多次提到先聖禁食的紀錄（例如，但以理書九章3節：「我便禁食、披麻蒙灰、定意向主上帝祈禱懇求。」），但這只是過程，不是目的，目的是要借著禁食，讓我們更專一、迫切地禱告親近神，而非爲禁食而禁食，亦非以禁食爲條件向神交換恩典，或向他人來自義、誇耀。我們禁食是因看到經中之記載，禁食禱告帶來得勝的果效，所以也願效法之，使我們能更豐盛的得著主，也更被主得著。

禁食最重要的是心態的問題，如果只爲了減肥而禁食，那不容易成功；若爲了更加親近主而禁食，有聖靈的帶領，及靈裏實實在在的感動，就輕而易舉，並且一切作息如常，精力絲毫未受減損。

身體比例不對的弟兄姊妹，也可以試試看，但禁食之前宜自我評估身體狀況，及靈裏是否準備好了，以便隨時回到神創造你時的適當比例。禁食禱告相關之經文，可參考：⑴以賽亞書五十八章5—6節；⑵約珥書二章12—13節；⑶尼希米書九章；⑷以斯帖記四章16節；⑸但以理書九章3節；⑹出埃及記卅四章28節；⑺撒母耳記上一章7節；⑻撒母耳記下三章35節；⑼士師記廿章26節；⑽歷代志下廿章3節；⑾馬太福音16—18節；⑿馬太福音十七章19—21節；⒀馬可福音一章12—13節；⒁使徒行傳九章9節；⒂使徒行傳十四章23節；⒃哥林多後書十一章27節。

若未有靈裏的感動與聖靈的帶領，請暫時勿輕易嚐試，以免弄巧成拙。（有人因未準備好，而禁食卻只有更飢餓而已，未見靈命之增長。）

（本小說於八十五年十二月二十二日基督教論壇報一六〇三期發表）

柯玉雪寫作紀要

一、得獎紀錄

一、一九八六年七月天下雜誌「樂在工作」徵文比賽，第三名。

二、一九八七年警備總部青溪文藝金環獎競賽，廣播劇本銀環獎：「家」。

三、一九八八年警備總部青溪文藝金環獎競賽，廣播劇本銅環獎：「狐狸尾巴」。

四、一九八九年二月十八日中央日報、臺灣日報、臺灣新生報、中華日報、青年日報、臺灣新聞報、國語日報、新聞晚報，八報聯合舉辦「遏止六合彩賭風」徵文，家庭主婦組優等獎。

五、一九八九年五月十二日，行政院文化建設委員會委託國立臺灣師範大學，辦理第二屆文藝創作研習班，舉辦之文學獎，舞台劇第二名：「火坑」（第一名從缺）。

六、一九九〇年十二月青溪文藝金環獎競賽，劇本類佳作：「我們都是中國人」。

七、一九九二年十月三十日國軍新文藝金像獎第二十八屆，廣播劇本佳作：「流動的活水」。

八、一九九二年十二月七日青溪文藝金環獎競賽，劇本類銅環獎：「快樂的魚」。

九、一九九三年十二月三十一日青溪文藝金環獎競賽，小說類佳作：「審馬記」。

十、一九九四年十二月三十日青溪文藝金環獎競賽，劇本類銅環獎：「關仔嶺之戀」。

十一、一九九六年三月十日臺灣省政府新聞處，「提升人文素養建立祥和社會」徵文佳作：「奉獻的愛」。

十二、一九九六年十二月三十日國軍新文藝金像獎第三十二屆，小說類銅像獎：「形而上的必然」。

十三、一九九六年十一月二日，當選國立空中大學創校十週年「空大群英」。

十四。一九九七年十月二十八日，國軍新文藝金像獎第三十三屆，小說類銀像獎「調音師」。

二、出版紀錄

一、錦瑟恨史（廣播劇選集）	文史哲出版社	一九九二年六月
二、廣播論叢（論述）	文史哲出版社	一九九三年七月
三、爬蟲與人生（散文）	文史哲出版社	一九九三年七月
四、空大充電八年（散文）	健行文化出版社	一九九五年三月十日
五、靈感與毒箭（散文）	文史哲出版社	一九九八年十二月
六、盲人調音師（小說）	文史哲出版社	二〇〇〇年七月

三、寫作紀錄

廣播劇本

一九八七　助聽器的妙用　中國廣播公司　國語播出
一九九一　錦瑟恨史　漢聲電台　國語播出
一九九六　獸醫的故事　中國廣播公司　國語播出
一九九一　我愛原則我愛你　中國廣播公司　閩南語播出
一九九二　顧井的人　中國廣播公司　閩南語播出
一九九三　選美風波　中國廣播公司　閩南語播出
一九九三　頭家娘的故事　中國廣播公司　閩南語播出
一九九三　失明的爸爸　中國廣播公司　閩南語播出
一九九三　樂在工作中　中國廣播公司　閩南語播出
一九九三　彼一暝做風颱　中國廣播公司　閩南語播出
一九九四　梟貪鑽雞籠　中國廣播公司　閩南語播出
一九九四　贏得美人心　中國廣播公司　閩南語播出

電視劇本

一九八七　不愛黃金的王忳　中視「童話世界」播出
一九八八　神仙雞　三十分鐘單元劇
一九九四　馬偕博士（連續劇分集大綱）　群之雍傳播公司製作

一九九五　紅塵一孤女　九十分鐘單元劇

舞台劇本

一九八七　守住田園守住家（多幕劇）　四幕七場　兩小時

一九八九　火坑　（獨幕劇）　一幕二場　半小時

電影劇本

一九九六　異次元時空之旅　五十五場　九十分鐘

短篇小說

一九九〇　八月廿六日～廿八日　夢醒時分　臺灣立報刊出

一九九〇　十二月八日　他還記得木麻黃？　臺灣立報刊出

一九九〇　十二月十三日～十四日　做一個夢忘掉她　臺灣立報刊出

一九九一　二月五日　雙眼皮　臺灣立報刊出

一九九一　十月廿二日　汗水勝過淚水　臺灣立報刊出

一九九四　二月廿八日　審馬記（得獎作品專輯）《傳統的火花》出版

一九九五　六月四日　難道俊美也是一種錯誤？　青年日報刊出

一九九六　三月十日　奉獻的愛（得獎作品專輯）　臺灣省文藝作家協會出版

一九九六　四月　形而上的必然（得獎作品專輯）　總政戰部出版

一九九七　十二月　調音師（得獎作品）　青年日報刊出

國家圖書館出版品預行編目資料

調音師 / 柯玉雪著. -- 初版. -- 臺北市：文史哲, 民 89

面： 公分. -- (文學叢刊 ; 110)

ISBN 957-549-298-6(平裝)

857.63　　　　89010921

文學叢刊 ⑪⓪

調音師

著者：柯玉雪
出版者：文史哲出版社
登記證字號：行政院新聞局版臺業字五三三七號
發行人：彭正雄
發行所：文史哲出版社
印刷者：文史哲出版社
臺北市羅斯福路一段七十二巷四號
郵政劃撥帳號：一六一八〇一七五
電話 886-2-23511028．傳眞 886-2-23965656

實價售價新臺幣二二〇元

中華民國八十九年七月初版

ISBN 957-549-298-6